做新教师，从教育发现开始

JIANGZILI YU ZIWO JIAOYU

蒋自立与自我教育

蒋自立 著

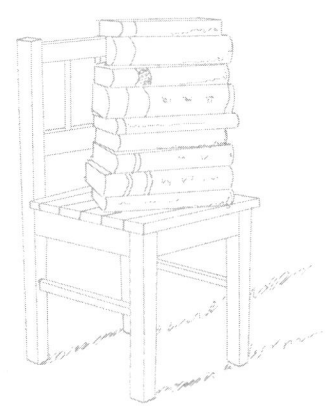

山东文艺出版社

"思想不老永年轻"

——《蒋自立与自我教育》序

十几年前,我在《爱心与教育》的"后记"中列了一串长长的名单,以感谢许多曾给我支持与帮助的人。其中写到这么一位老师——

"蒋自立,武汉市首义路中学原校长。他是我的'文友',更是我的老师。我第一次到省外讲学,就是受他之邀。遗憾的是,现在我和他失去了联系。"

当时限于篇幅,我只写了这寥寥几句,但"更是我的老师"几个字却包含了太多的故事与情感。现在,我是所谓"名师"了,有了全国各地许多素不相识的"粉丝"。然而,20多年前,当我参加工作的时候,我却是蒋自立老师忠实的"粉丝"(当然那时还没有"粉丝"这个词)。他那时已经是名师了——1982年,也就是我参加教育工作的那一年,蒋自立老师被评为"模范班主任"。

上世纪80年代中期,我从报刊杂志上读到不少蒋老师的文章,上面的许多做法,我拿来就用。比如读了蒋老师那篇《近在咫尺的师生通信》,我马上在班上和一些"特殊学生"保持"近在咫尺的师生通信",并由此诞生了许多精彩的教育故事,有些故事后来写进了我那本《爱心与教育》。

记不清是1987年还是1988年的一天，出于对蒋老师的崇拜（在当时绝对是"崇拜"），我怀着惴惴不安的心情给他寄去了我的一篇剖析中国教育弊端的文章（好像是后来发表在《中国青年报》上的那篇《沉重的思考——中国教育危机原因初探》）。没想到，他很快给我回信，肯定我的思考，还说愿意和包括我在内的中国一大批有志者为改造中国教育而不懈努力（大意，不是原话，但意思不会错的）。可以想象，一个普通的年轻教师居然收到自己崇拜的名师亲笔回信，是多么的激动！后来，他也寄一些他的文章给我，并在信中说请我"指正"云云。

前排左2李镇西，后排左2蒋自立、后排左3为丁如许（1989年）

再后来，1989年夏天，在他的提议和组织筹备下，他和我还有丁如许老师（也是当时我很敬仰的老师）三人在我所在的乐山一中举办了德育讲习班。那是我第一次见到蒋老师——身材健壮，神态慈祥，举止儒雅，步履轻盈；印象很深的是那双眼睛：笑眯眯的，但闪烁着睿智的光芒。台下的蒋老师特别朴实和蔼，如邻家大哥，甚至有点憨憨的；但一站在台上，便目光如炬，思想敏锐，逻辑严密，谈吐雄辩，言辞犀利……那次讲习班虽然只有四十多位听众，但听课老师来自好几个省，我也算是第一次"面向全国"讲学了。

左蒋自立，右李镇西（1990年）

第二年秋天，经他推荐，我冲出夔门，走出四川，来到宜昌讲学。这是我第一次外出讲学。（顺便插一段"花絮"——这次在宜昌，我、如许和蒋老师一起逛当地著名景点"三游洞"。走着走着，胖胖的蒋老师发热了，不得不躲在黑幽幽的洞里脱减衣物。正当他脱下毛裤的一瞬间，我"咔嚓"一声给他来了个特写。闪光灯让老蒋眯着眼睛，他捂着裤子直说："么事么事！"我和如许哈哈大笑。老蒋这张狼狈的甚至有点"儿童不宜"的生活照，我一直珍藏至今。如果哪天老蒋"翻脸不认人"，我会立马将此照捅出去，不毁他一世英明，也要敲诈他一笔不菲的银子！哼哼！）

左起丁如许、蒋自立、李镇西（1991年）

第三年，也是经蒋老师推荐，我再次出川，登上庐山，面对全国的教育同行，讲述我的教育思考、教育实践和教育故事……

《班主任工作指导》蒋自立主编

第四年，蒋老师邀请我参加《班主任工作指导》一书的写作，这是我参与写作的第一本专著。第五年，他真诚地希望我调往武汉，甚至为此奔走有关部门，最后居然说服了当时武昌区教育局，给我发出调动的邀请！虽然最后因为出于对"中国著名火炉"的恐惧而没能调往武汉，但我永远感谢蒋老师，永远感谢武汉市武昌区教育局！曾经有老师在我博客里留言说我现在"名满天下"，也许我现在是有些虚名，但在我成长的最初几步路上，的确离不开蒋老师的引领与提携。因此，他的确是我的老师——而且是恩师。

总之，在我的年轻时代，"蒋自立"这三个字和"魏书生"是同样地被我崇敬。所不同的是，那时我和魏书生毫无联系，而和蒋自立老师却渐渐成了师生关系，最后亦师亦友，成了铁哥儿们。

后来我从乐山到成都，又辗转调了好几个学校，蒋老师也换了几个单位，我们渐渐失去了联系。所以1997年我写《爱心与教育》，在"后记"里提到蒋老师时不得不十分惋惜地说:"遗憾的是,现在我和他失去了联系。"思念之切,情透纸背。后来我看到报上有蒋老师一篇文章《让学生主体性得到回归》,单位署名是"武汉市45中",我赶紧分别通过成都114电话查询和武汉114电话查询非常艰难地与武汉市45中学门卫室取得了联系,再经过我一番百折不挠的努力,终于又和蒋老师联系上了,那心情,简直就是长征路上失散多年的红军战士,终于又扑进了党组织的怀抱!后来见到阔别多年的蒋老师,举止依然儒雅,步履虽不再轻盈,但他的思想却更加敏锐,甚至更加深刻。我感到,他的心一直在为中国教育燃烧。

这次,蒋老师寄来了他的新作《蒋自立和自我教育》,并请我写序。我岂止是"不胜荣幸",简直就是"受宠若惊"。几年前,武汉另一位名师洪镇涛先生也请我为其大作写序。我想,是不是武汉有这么一个前辈请后辈作序的光荣传统?尽管我多年前就一再声明不再为别人写序,但蒋老师的信任,我怎敢辜负?何况这是我报答恩师的一个机会啊!

细读书稿,我知道了蒋老师从年轻时代起,就不是一个单纯的"教书匠"(我从不鄙薄"教书匠",只是觉得有理想的教师不应该满足于只做单纯的"教书匠"),而是一个富于思考更富于创新的教育者。我回想起在上世纪80年代,我所读到的他好多文章,就"自我教育"不但表达了独到见解,而且更展示了他在引导学生"自我教育"方面有声有色有滋有味的实践。蒋老师第一次让我赞口不绝的文章,正是那篇《值周班长制实验报告》。

在我看来,"自我教育"这个命题,是不言而喻甚至不容置疑的。苏霍姆林斯基有句教育名言:"唤醒人实行自我教育,按照我的深刻信念,乃是一种真正的教育。"这也是29年来我一直信奉的教育圭臬。但是,蒋老师不满足于对真理的复述或浅尝辄止,而是以思想家一般的深刻、学问家一般的严谨和实践家一般的躬行,对"自我教育"进行了长期的思考、研究与探索，形成了自己的独特理解和丰硕成果。

在本书中，蒋自立老师认为，所谓"自我教育"，是个体有意识影响自己身心发展的行为。他阐述道："'有意识'，在婴儿阶段，是遗传的求生意识；在少年儿童阶段，是朦胧的自我意识；在青壮阶段是强烈的自我意识；在老年阶段是成熟的自我意识。在这种意识支配下，个体这个教育主体，把自我作为教育对象，使之产生变化的过程，便是自我教育。"

蒋老师还和他的学生一起讨论分析（多么民主！），概括出"自我教育"的四个特征："一是主客体的一致性，教育客体同时又是教育的主体。他我教育很难做到。二是时空的广泛性，时时处处都有自我教育。三是内容的多样性，凡主体接触的都存在自我教育的内涵。四是选择性，主体对大千世界有选择意向，一个课题入选，要经过情感、价值、道理等关口。"

2002年李镇西（左）应邀到武汉讲学后，游览归元寺

在蒋老师看来，传统意义上的"教育"实际上是"他我教育"（即来自受教育者外部的教育，如父母的、教师的、同伴的、社会的、媒体的、自然的教育）而不是教育的全部。蒋老师说："自我教育应是教育目的和

归宿，应是人的主要素质，应是教育的主要内容。"他还认为，中国教育理论是以他我教育为中心构建的。而完整的教育学理论应包括他我教育和自我教育这两个方面；真正的教育学，上篇应为他我教育学，下篇是自我教育学。

蒋老师还从人类发展角度提出"人类进化史是自我教育史""自我教育是人的素质和本质""自我教育是人与生俱来素质"等命题。蒋老师进而响亮地提出："21世纪是自我教育世纪！"

蒋老师绝不只是坐在书斋里进行经院式的"研究"，而是一直扎根于教育第一线从事"田野作业"。他长期工作在中学，从事语文教学，并担任班主任，后来担任校长后也一直没有放弃对"自我教育"的探索。从这本书中，我们可以看到蒋老师在自我教育方面的许多精彩案例：值周班长制、学生校长值周制、家长和学生自编自我教育宝典……从这些案例中，我们会感到，"自我教育"绝不只是一种理念，更是一种实践，而且这种实践就存在于生活的方方面面甚至每一个细节。

读着蒋老师精彩的阐述和生动的故事，我产生了强烈的共鸣。"严而谑，甚而至于专制，则常常窒息学生的好奇心、扼杀学生创造力，甚至可以害了学生一生；而营造宽松、宽容的心理气氛，则大有助于发展学生的想象力，培育学生敢说敢做的精神。完全可以说，诺贝尔奖的获得者是在师生民主之中孕育的！"读着这样掷地有声的文字，我甚至忍不住拍案叫绝！

我在"自我教育"方面的研究显然远远不及蒋老师，但由蒋老师的文字，我想到了自己的教育实践，真的如蒋老师在本书中所说，"李镇西的语文民主教育……实质上是从不同角度上对自我教育的探究和尝试。"我从自己29年的教育生涯中，得出一个粗浅的认识：判断一个教师教育观念的科学先进与否，最关键的是看学生观！是把学生当"人"还是当"物"？如果把学生真正当做人，自然尊重学生的尊严、思想、情感、个性、能力——包括其自我教育的能力；反之，如果把学生当"物"，那当然谈不上尊重，自然会无视学生的主体地位，更无视学生的尊严、思想、情感等精神存在，而只把学生当做没有生命的"机器"——装道德的机器，装知识的机器。

在多年前的拙著《民主与教育》中，我把"民主"（无论是作为一种政治制度的民主，还是作为一种生活方式的民主）的核心理解为"尊重"，并这样论述"民主教育"——

如果说"民主政治"意味着"尊重"——对公民权利的尊重的话，那么"民主教育"的核心，仍然意味着"尊重"——尊重学生的人格、尊重学生的情感、尊重学生的思想、尊重学生的个性、尊重学生的差异、尊重学生的人权、尊重学生的创造力……当然，与此同时，教会学生尊重他人。

民主教育是学生的主体性和教育的民主性二者的和谐统一：它把受教育权利还给每一个学生，同时把教育过程变成一种民主的生活方式，尊重学生的主体地位，使学生得以生动活泼、自由地发展，消除一切不平等地对待学生的现象，尊重学生的人格与权利，解放学生的主体性和创造性，为提高学生的民主意识和参与能力，发挥学生的主体作用，创造最好的教育条件和教育环境；更重要的是，在教育内容上渗透民主意识，在教育过程中培养学生民主思想、民主精神，以民主的教育造就富于主体性的一代新人。

在剖析德育弊端的时候，我抨击道——

传统德育在本质上是一种"教会顺从"的教育，要求青少年无条件地接纳和认同既定的道德价值、道德规范和道德理想。而在今天，"教会顺从"的德育已经过时，我们应该建构一种主体式的、参与式的、创造式的"学会选择"的教育模式——变"强迫学生接受真理"为"引领学生选择真理"。

今天，读蒋老师这本书，我乐了："选择"，不正是蒋自立老师谈到的"自我教育"的四个特征之一吗？

从某种意义上说，接受教育的过程的确是一种选择的过程。这似乎用不着太多的证明。众多的学生，面对同样的教师，同样的道理，同样的知识，同样的教材，同样的授课……却呈现出不同的教育效果，乃至不同的人生结果，这不是源于各自的选择吗？事实上，所有杰出人才，都是自我教育的成果。同样是在苏联时代，为什么马卡连柯、赞可夫、苏霍姆林斯基能够成为杰出教育家呢？难道能够说他们是斯大林、赫鲁晓夫、勃列日涅夫"培养"的吗？如果是，为什么不多"培养"几个呢？同样是在旧中国，为什么只诞生了晏阳初、陶行知、陈鹤琴等伟大的教育家呢？难道我们能够说他们是"蒋委员长"或国民党反动派"培养"的吗？显然不能，道理如前。蒋老师在本书中以自己的成长经历说明自我教育的体验与感受，是令人信服的。我在这里不是否认时代风尚、社会条件、家庭环境、学校氛围、师资背景乃至经济基础对一个人成长的作用，但这毕竟是外因。马克思主义经典哲学早就指出，外因是变化的条件，内因是变化的根据，外因通过内因而起作用。

我还曾经这样反思教学课堂——

在课堂教学中，我们当然可以把教师角色定为"导游""主持人"以及"导演""舵手"等等，但更重要的是，不管什么角色，教师都应该在课堂中营造一种"对话情境"。这里所说的"对话"，不仅仅是指教师和学生通过语言进行的讨论或争鸣，而主要是指师生之间平等的心灵沟通。

这种"对话",要求师生的心灵彼此敞开,并随时接纳对方的心灵。因此这种双方的"对话"同时也是一种双方的"倾听",是双方共同在场、互相吸引、互相包容、共同参与以至共同分享的关系。

而且,针对过去教学中的"教师中心"倾向,我们更强调对话情境中教师的"倾听"。毫无疑问,教师不但承担着教育的责任(我们并不因为"对话"而在思想上削弱这种责任感),而且无论专业知识还是社会阅历都在学生之上,但作为一个真实的活生生的人,作为一个和学生同样有着求知欲的成年学习者,教师同时也是学生年长的伙伴和真诚的朋友。在倾听学生言说的过程中,学生的见解和来自学生的生活经验直接或间接地作为个人独特的精神展示在教师面前,这对教师来说,同样是一份独特而宝贵的精神收获。如果说,在过去"以教师为中心"的师生关系中,教师和学生相对于对方都是一种"他"者,双方的关系是一种"我—他"关系的话,那么,在对话情境中,师生之间是一种"我—你"关系。在这种关系中的课堂教学过程,对师生双方来说,都是一种"共享"。师生之间人格的相遇、精神的交往、心灵的理解,便创造了也分享了真正的教育。这种教育,同时也是师生双方的生活,是他们成长的历程乃至生命的流程。

··········

作为学习者,学生的任务当然是获取知识、形成能力并获得健康的人格,正是在这个意义上,我们说学生是"教育的对象"。甚至如果在理论上静态地孤立地考察作为教育对象的学生,我们把学生视为教育客体,也是没有错的。

问题在于,从来就没有"静态"的教学过程。一旦进入实践层面,无论作为学生还是教师,都处于教学过程的"动态"之中。而学生只要进入教学实践,他们就绝对不是嗷嗷待哺的被动客体,而同样是积极参与的主体——是"建构"的主体。

学生之间、师生之间的思想碰撞，应该是"对话"的主旋律。

如此不厌其烦地引用我的观点，我无意炫耀我和蒋老师多么"英雄所见略同"——实际上，我的这些想法包括我的一些做法，应该说多少是受了蒋老师影响的；我只是想通过这些"共鸣"，表达我和蒋老师共同的教育情怀。

我还想，也许是"武断"地说，一个真正而真诚的教育者，无论他具体到"德育"，还是"教学"，只要遵循教育规律，尊重教育科学，满怀教育良知，坚守教育理想，最后他都会高举"民主教育"的火炬，走向"自我教育"的殿堂！

从上世纪80年代末和蒋老师第一次见面到现在，20余年过去了，65岁的蒋老师已经不再年轻，但他的目光依然慈祥而敏锐，放射出思想的光芒。本书中，蒋老师有这么几句话："先进的理念来自于实践，来自于敢于说出别人不敢说出的事实和事实背后的陋习，产生思想从而形成人的伟大。"这何尝不是蒋老师自己的写照？永远在思考，永远在挑战，永远在求索，永远如安徒生笔下的那位著名小男孩一般说真话——这就是蒋自立老师。

因为开会或讲学，隔几年总要和他见见面。每一次我都能感到他那孩子般纯真的情怀。我们也时不时通通电话，每次透过话筒，我依然能够感受到千里之外他那一颗灼热透明的教育心。现在，读着这本《蒋自立与自我教育》，我不禁想到了他自拟的一句座右铭——

"思想不老永年轻！"

李镇西

2010年8月30日凌晨1点35分

一篇十分特别的"序"

田磊 等

【按】学生听说我要出书，便提出由他们每人写一段话，连缀成文，于是，十分特别的序诞生了！（按收到邮件先后为序）

田磊 刚到你带的班，觉得你的名字很特别；"文革"中你顶着压力，千方百计教我们"讲"自立，窃窃感到你"反动"；走向社会经历了各种磨砺，居然情不自禁地摄取您的名字里的精华，我们学会了"自立"！

（1975级高中毕业生）

许彤 时光荏苒，难以忘怀蒋老师昔日勤勉、博学、儒雅的教育气质；多少个日夜，眼前浮现出蒋老师严谨、睿智的教学风范；无数次面对困难学生，踯躅茫然，几近束手无策之时，蒋老师曾经运用自如的教育手段，倏忽间呈现于脑海，信手使用，重重险阻

迎刃而解。他既是我们这些承传了其教育精髓的教育者的恩师，更是一位名副其实的"播火者"。

（武汉市第二十五中学政教主任）

吴元佑 蒋自立先生是我40年前的良师，也是我交往多年的益友。"学高为师，身正为范"。先生严谨治学的态度，以及为人处世的高尚品德，使我终生受用。如果说我的事业小有成就的话，那完全得益于先生的影响。

良师如父，益友胜亲。有师若此，生何幸哉！

（湖北城市建设职业技术学院副院长、教授）

读书时　　近照

谢斌 晃眼30年过去了，当年蒋自立老师教我们赏读美文，文由心生，把课堂搬到山中林间，开形式多样的主题班会，求邻班女老师给我们讲女生生理知识等等，仍历历在目。

蒋自立老师以数十年的教学实践书写着"教书育人"四个字。80年代初期，他摒弃"满堂灌"，以丰富的教学形式对语文教学实行大胆改革，极大地激发了我们语文学习的兴趣；细致入微、循循善诱的班主任工作，则对激发学生自我教育、自主学习，起到了良好的推动作用。

很幸运，我在青春期，学习能力、自我教育、价值观、人生观等非智力因素形成的关键时期，能遇到这位良师。

（现任湖北日报武汉新闻部副主任，主任编辑）

刘昌喜 上世纪80年代初的武汉中学初三（1）班，曾经是让全校其他班级为之羡慕的光荣集体，也是我们取得辉煌成绩和最引以自豪的班集体，这一切无不归功于班主任蒋自立老师。回忆30多年前与我们朝夕相处、对我们倾洒无限心血和关爱的班主任蒋老师，我们感激，我们庆幸，在我们人生最重要的初中时期遇到了他——蒋自立。一千多个日日夜夜的往事历历在目，饶有趣味的语文课堂，别开生面的主题班会，丰富多彩的课外活动，匠心独运励志成才的德育，情真意切的促膝谈心，宽严有度的班级管理……举不胜举，特别是蒋老师博学笃志、身体力行的大家风范，为我们创造了一个优质的教育环境，使每一位同学的身心和潜能得到极大的发挥。蒋老师的一言一行至今还在激励着我们，鼓舞着我们不断努力前行！

（武汉职业技术学院副教授、处长）

读书时　　　近照

罗青 每个人在其成长过程中都会有一位对其将来有深远影响的人，或是你曾经的一位老师，或是你的父母，也或是某位偶然相识的前辈……

我们这一代人的父母大多都有为了国家而牺牲小家的思想，所以当我们做学生时，有相当多的同学是非常依靠老师的，如果能遇到一位不光负责还有一定教育思想的老师就相当幸运了。

蒋老师无疑就是这样一位老师，他虽然只教了我初中，记得我上高中、大学甚至就业后我都带我的同学、同事去过蒋老师家。蒋老师即是"传道受业解惑"的最佳诠释。

（武汉市柔嘉科贸有限公司总经理）

伍毅 提起恩师蒋自立，脑海中浮现出的是恩师那既严格又充满爱的样子，想起了在那个特殊的年代，先生用心良苦地带领我们上九峰学农，下渔村学医，去全国比赛场上服务……初识油橄榄，首见真实的手术，近距离接触体坛名将，体验到了人生许许多多的第一次，深深地影响着我从学生、知青到大学教师的人生轨迹。

假如人生之路真的可以重来，我无怨无悔仍选择做先生的学生。

（河南工业大学继续教育学院副院长、教授）

刘强 再见我的中学老师已是20年后。头发白了，笑声爽朗，衣着依然朴素，笑容依然让人难以揣摩，但记忆与思维却让人景仰。花甲与不惑的对话把人带到了花样年华：校园、校友；荒唐、振奋；勉励、鞭策……

时间太瘦，指缝太宽。

孩子也马上就读中学，不知他会遇到的老师如何。20年后是否记得他的老师。

（武汉市黄陂区公安局副局长）

钟新红 快30年了，我仍记得老师讲课时神采飞扬的样子，从没因为教室里只坐着一群十二三岁的少年而怠慢每堂课；还感动着老师认真阅读我们几个住校学生记录的对您讲课的评语。也许老师给我们的是成长中的一分尊重，而我们的回报是热爱生活，尊重每一个人！

（因工作性质不方便留单位及职务，见谅！）

邓七一 30多年前的初中时代，我们已经受益于蒋老师的素质教育的理念。作为语文老师，他在课堂上组织同学们用戏剧角色的方式学习课文；看到我偶尔在摘抄报纸，他立刻把精彩之处画出来给我看；作为班主任，他带领同学们步行20里到东湖游泳，到学校附近的蛇山上沿绳攀岩……对于我们，这些在当时其乐无穷并至今有益。蒋老师不仅是教书，而且是育人。

（湖北省人民检察院新闻处检务公开工作室主任）

沈有鸣 蒋老师是我高中的语文老师兼班主任。在我的心目中他是一个师德高尚、知识渊博、开拓进取、奋发向上且充满朝气与活力、幽默与无拘束相结合的形象。"千教万教教人求真，千学万学学做真人"。在高中时代所学的各方面知识，使我终身受益。

（1975年毕业于武汉中学，现在中共湖北省委办公厅工作）

朱怡青 中国有句古话："经师易得，人师难觅。"30年前我幸遇人师，入蒋先生门下求学3年。彼时的蒋先生风华正茂，自封"草头将军"，用激情和智慧的火焰点燃了少年们的心灵。我们的初中生活是一段充满热情与梦想、饱含正直与纯真、保持勇气与追求的美好时光。

（江汉大学教育学院副教授）

胡汉萍 38年前我有幸成为蒋自立的学生,使我人生旅途奠定了良好的基础。我们一群半懂事的孩子,跟着他学文化,跟着他学工、学农、学医;武汉三镇留下了我们勤工俭学的脚印。他教我们做文章,教我们做人,让我们在错综复杂中识别真善美。他就像他的名字一样自立,在教育战线上耕耘、奉献了一辈子。他是我的老师,更像我的兄长。他与时俱进的精神是我们永远学习的榜样。

(1975年毕业于武汉中学,现任武钢党校副教授)

读书时　　　近照

关汉兴 蒋老师是我在武汉中学初中(1978年－1981年)学习期间的班主任兼语文老师。儿时一些经历有些淡忘,但初中某些镜头依稀呈现。有两件事总是没有忘记,一是他强调运动。初中三年,蒋老师住在学校教学楼楼梯间拐角进去的一楼的小平房,在他家门口设置了一个篓子放置两个篮球。初一时我个子很矮,当时约1米55左右,他鼓励我和同桌的张宏伟加强运动,每天下午放学后,有时间就去他家门口拿到球去打打,打完后放置原处。这样坚持下来,身体算是打下一点底子。另外,他教导我在一次学生大会上朗读臧克家的一首诗《有的人》,他的普通话并不十分标准,但教我朗读时非常认真,"有的人活着,他已经死了"一句句深情教会。至今,我仍然体会着"活着"的意义,有着较为丰富的人生阅历。感谢老师!

(华灿光电股份有限公司工作任职动力和基建部负责人)

付亚平 蒋老师勇于接受新知识，在上世纪七八十年代，大家都是教师讲、学生听的"填鸭式"教学模式时，蒋老师能通过学习吸收一些国外不同的教学思维，针对不同学生充分调动我们的积极性，让我们能自己思考、总结，自己管理。蒋老师教的语文课的具体内容现在已经记不清了，但是，蒋老师当时经常提及皮亚杰的发生认识论、上蛇山岳飞亭的对联……初中的三年，是我人生观形成的重要时期，能遇到蒋老师，在这种宽松环境下躲开"填鸭式"教学是非常幸运的。

（武汉大学医学院生物结构研究中心副教授）

李志鸿 蒋老师是我生命中非常重要的人，对我思维体系的形成、意志品格的塑造起到了很大的作用。一想到蒋老师，有几个关键词就从脑海出现：良师、益友、慈父，即学业上的良师，生活中的益友，情感上的慈父。更有意思是我们成家立业后，他还发书给我们读：《蒋自立人生箴言故事》让大家耳目一新；《纪念爷爷奶奶百年诞辰文集》孝亲浓情溢于言表。像这样的老师真是罕见啊！

（广东省珠海市成路进出口有限公司总经理）

吴强 我印象中的蒋自立老师很严厉。他对我们在学习上要求很严，哪怕是一条注释也必须牢记下来，同时又能寓教于乐。为了帮助同学们树立远大的理想，在1981年临近毕业时召开的"20年后再相会"的主题班会，至今大家记忆犹新。当我们上高中以后，凡是蒋老师班上的学生，语文成绩都能名列前茅。至今乃受益匪浅。

（武汉丽红商贸有限公司应城分公司总经理）

金风 也许，很多人可以教给你知识和技能，但他给你的是发现自我、开启人生的钥匙；

也许，你可以和很多人同行三年，但与他同行的三年，却让你拥有融入血脉的某种"基因"；

于是，在万水千山走遍之后，你永远有一个足可信赖的后方——因为，你知道，他曾"影响"了你的生命。

（新华社高级编辑、瞭望周刊社编委）

刘俊 蒋老师是我初中时期的班主任，讲授语文。初一第一节课即从其名字"自立"开讲：自力更生的"自"，顶天立地的"立"。那时候我们几个调皮的男生私底下叫他"老蒋"，我想蒋老师对此应该不觉惊讶，因为如此称呼他的肯定不只是我们那一届学生。

"老蒋"不老，彼时风华正茂，精力旺盛，而且脾气大、嗓门大，课内教我们作文、朗诵，课外带我们跑步、爬山、打篮球，在我们心中威信极高。他还有一绝：在别的老师上课的时候，透过走廊的窗户，窥探我们的听课表现，哪个倒霉蛋不认真听讲被他看到的话，课后会被他吼叫着、批评到哭！以至于我们一些不老实的学生上课养成了不定时扭头看窗户的习惯，一旦窗边出现眼镜片的反光，立马坐直了身子，抖擞精神，瞪大眼睛，认真听讲！

班主任的意思是不仅仅要教学，还要教育学生做人。功课以外，蒋老师身体力行、言传身教，让我们那批小鸡崽子学习了男子汉应有的活力、激情与责任感。可惜现在，似乎像他那样把学生当儿子培养的老师太少了。

（德赛（香港）律师事务所，合伙人）

李红九　蒋自立老师是我在武汉中学读初中时(1981年—1984年)的班主任,当时我们才十二三岁,他给我的感觉是讲着一口不够标准的普通话,印象很深的是那双眼睛:笑眯眯的,却闪烁着睿智的光芒。他用"自我教育"的方法管理着我们这个活跃的班级,现在看来,这种教育理念在当时是带有风险的一种探索,"实验班"是语文教学的大胆尝试,"自我教育"是传统教育的创新发展,可以说是师生之间的一种"互动、双赢"。

（湖北省军区司令部）

金旭庚　蒋老师,30多年的时光已悄然过去。

也许我曾让您头痛,也许我曾让您担忧,也许我曾让您舒心,也许我曾让您骄傲……

您不是演员,却吸引着我们饥渴的目光;您不是歌唱家,却让知识的清泉叮咚作响,唱出迷人的歌曲;您不是雕塑家,却塑造着一批批青年人的灵魂……

也许您桃李满天下,不一定会记得我,但是我始终都会铭记您的教诲。

您始终是我敬爱的老师。

我愿为您谱写一曲《老师,你好!》

（广州军区政治部战士文工团国家一级作曲）

毛桂菊　且不说那"蹩脚"的普通话、潇洒的板书,也不说那生气时抖动的下巴和风趣的言语,更不说那对我的栽培（我可是他所带班的团支书）,单说退休后,先是发感慨,说自由了;再者是编书,发《蒋自立人生箴言故事》给我们读;读着品着,人生真是"在家靠父母,出外靠朋友,关键靠自己"。最近请我们给他的新作《蒋自立与自我教育》提意见。嚯,一生教书、写书、发书,他的人生就是我们的教科书——这就是我们的蒋自立老师。

(某网吧的执行经理)

陈蔚 蒋老师爱学生,并且他对学生的爱是一种深入骨髓、超然忘我的大爱;这种大爱表现在他对素质教育的倡导和践行。当时黄鹤楼还没有重建,全班同学随老师从山脚的铁道边的小径开始攀登上蛇山的山头,遥望龟蛇锁大江的壮丽景色和滚滚奔流的长江,体味毛泽东"到中流击水,浪遏飞舟"的意境。老师常说:好的教育不是读死书,而是通过有效的教育方法,将学生的潜能最大地激发出来,使之成为有价值的人才。想来老师应该是我国"文革"后,最早的素质教育的实践者和探路人吧!回望30多年的历程,直到今天,素质教育依然是我国教育界面临的重大、核心的课题。现在,重登临蛇山顶,上黄鹤楼,面对我们这些都已年过不惑并自立于社会的学生们,不知道老师对当年的全心付出和勇敢实践是否感到欣慰和怡然!

(交通银行华南授信审批中心总经理,高级经济师)

王文义 我和蒋老师相识是在"文革"那个动荡时期。我们这些刚踏入中学校门的学生,面对当时的社会状况,根本就无心学习。是蒋老师,走家串户地进行家访并不厌其烦、苦口婆心地劝说大家回到课堂学知识、学文化、学做人。

蒋老师是一名勤奋好学、有理想、有追求、有激情的好老师。他对我们的谆谆教导和人格魅力是一直影响着我们的一生。

(华中师范大学科教职管办管理职员)

杜燕云 有一段事比较特别：当年我要求入团，可"家庭成分"不好，并对"各种阶级无不打上阶级的烙印"不理解而求教于蒋老师。他并没有直接回答，却给我讲了父亲给他起名"自立"的故事来说明父辈（希望他在未来的一生中，无论在任何生存环境下，都要自立、自强，做顶天立地的汉子）对子女的期望就是一种"烙印"。这种思想影响着蒋老师一路走来，无论是"文革"期间被打入黑五类仍坚守站在五尺讲台，还是当校长，一直到现在退休仍在孜孜追求，蒋老师无愧他的名字——自立。

（武汉人福医药集团股份有限公司监事、工会主席、党委副书记）

严斌 王莉 在十几年前中国教育唯成绩论的时代，蒋老师独特的教育理念似乎显得十分另类，但正是这种崇尚个性张扬、引导和培养学生全面发展的教育理念，让我们两个非"好学生"之列的人，树立起了正确的人生观和价值观，以至于在之后的人生选择中、在创办羿天设计的过程中，这种超强的自信和坚定的信念，让我们做出正确的判断和抉择，不断地去追求和实现真正的自我价值。

"师者，所以传道受业解惑也"。传上善之道，授经世之业，解人生之惑——蒋老师之于我们，人生的导师。

（严斌 湖北羿天建筑装饰设计有限公司董事长

王莉 湖北羿天建筑装饰设计有限公司总经理）

目　录

"思想不老永年轻"——《蒋自立与自我教育》序　李镇西
一篇十分特别的"序"　田磊等

楔子

第一辑　师生共同探究自我教育
教育实践中得出颠覆性结论 / 17
寻找共同生活的方式 / 24
自我教育决定人生 / 28
认识自我是世界上最困难的课程 / 33
自我意识与生俱来 / 41
在自我教育名言中徜徉 / 47
"自我教育"是个体有意识影响自己身心发展的行为 / 62

第二辑　播撒自我教育的种子（管理篇）
学生值周班长制 / 77

学生校长值周制 / 101

家政值周制 / 113

家长、学生自编教育宝典 / 117

第三辑　播撒自我教育的种子（教学篇）

举一反三 / 123

废除"要我学"行吗 / 139

速罚慢彰现象 / 141

动机的最佳结构 / 146

激发动机三新法 / 148

成功＝a^{mn} / 152

教学法 / 153

自由拟题作文实验报告 / 161

第四辑　教师的自我教育

教师要千方百计完善自我 / 171

承认失误是教师起码的教育良知 / 189

学习只是教育花朵上的一片花瓣 / 194

优化教师心理品质 / 200

自学多识 / 203

讲话要入情入理又入心 / 213

第五辑　众议自我教育

班级管理的一个创举 / 229

值周班长制鉴定会纪要 / 233

教育部原副部长张健对值周班长制的评价 / 242

《中国教育报》对值周班长制的报道 / 244

《武汉晚报》对校长值周制的报道 / 246

长江后浪推前浪 / 248

目中有人 / 258

后记　思想三题：重复的、权力的、独有的 / 266

参考文献 / 269

楔　子

初为人师

教师权威的建立不能以牺牲学生的尊严为代价

1965年酷夏,20岁的我从武汉师范学院中文短训班结业,分配到武汉中学任教,兴冲冲的我一报到便知道要当初二(13)班班主任。新生活唤起工作热情,翻着学生档案,"呀,有的只比我小几岁!能听我的话么?"担忧涌上心头。思绪是个怪物,常跳跃着,倏地想起了——

小时候,姐姐玉立经常生病。一天黄昏,当医生的父亲开个中药方,要我到两里以外的小新桥镇(我故乡的小镇)抓药。一想到要经过一座小山,接过药方,我迟疑着。细心的母亲问:

"怎么啦?聪明几(我小名)。"

"我怕。"

"怕什么?"

"怕有狼。"

"我们这一带从来没有出现过狼。"

"怕叫声。"我又说。

"你不要自己吓自己,有鸟叫怕什么;你可以学它叫,才好听嘞。"

说着母亲学鸟叫,"火烧巴婆——火烧巴婆——"

我看着母亲那有趣的神情,不禁扑哧一声笑了起来。父亲接着说:

"不要自己疑惧自己的走路声,好像后边有人跟着一样;自己要给自己壮胆,苕把器(方言,傻的爱称)!"说着,在我小小肩头上拍了几下,"你看,都这高了,像小男子汉了,还怕什么!"

在父母的鼓励下,我终于抓回了中药。

作者的父亲蒋凌汉、母亲唐文法(1985年)

回忆中似乎平添了当班主任的勇气。啊,那次——

1955年初夏的一天,放学后,走热了的我,放下书包,脱掉衣服,便往门前小塘走去。刚一走下石梯,脚一滑,全身顿时滑入深渊。我本能地往上泅,可脚一踩到石级边,石级边有毛苔,又滑了下去;连续挣扎了两三次,都没能泅上石级。怕淹死至极,我猛地冲起,踩到一石级中间,攥紧脚趾,终于站出水面。我四下一望,居然一个人都没有。我害怕了,连忙跑回家,抱着母亲,大哭起来。母亲问因,我断断续续讲了刚才那惊险的情景。不想,母亲听后,把我从她怀里往外一推,双手紧握我的肩膀,眼里闪出惊喜的光芒,说:

"聪明儿，你真行！遇难能自己脱险了，行呀！"接着，她又问："你的学名叫什么？"

我不解："蒋自立！"

"什么叫自立？"她怕我不懂，又补充一句，"靠你自己的力量，从水里泅起来，不被淹死，这就叫自立！"

马上我就要"自立"了！自立当老师了！当班主任的胆气在回忆中陡涨。

怎样当班主任呢？我当学生时遇到的一个个班主任的模样向我走来：

小学的班主任，只记得背不出书时，她用嘴示意，把手伸出来，然后举起教鞭，"啪啪"打下来，生疼生疼，宛如在说："不背书，就如此！"

到了初中，班主任姓严。人如其姓：一次课前突然走到未交作业的同学前，不由分说，拧着耳朵，大声叱道："看你长不长耳朵！作业都不记。"吓得很多同学直吐舌头。

高中班主任教政治，动不动就用帽子吓人，弄得全班服服帖帖的。

习俗的教育学仿佛在暗示该怎样去做。不放心的我又请教一位老班主任，他打量着，问：

"多大？"

"刚20。"

"看你嘴上无毛，身材单薄，想管住学生，送你一个字：狠！"

经过一阵阵回忆，一次次请教，和学生第一次见面的方式盘算好了。

那天，我板着脸，威严地对报到的学生一个个地命令："等会全班在操场当中集合！"还一边物色班上个头最高、块头最横的学生，心里盘计：如果把他整服了，还怕小萝卜头不成。报到一结束，我喊道："快下去集合！"一到操场，我威严地命令："全体立正！"话音未落，便把目光盯着那事先物色好的对象安某某同学。真是无巧不成书,他不但没立正,还在讲话哩!我声色俱厉:"安某某,你好大胆,怎么不立正?"趁他惶恐不安,我又命令:"全班稍息。"安某某似乎在想前面的立正,于是做了一个先立正后稍息的滑稽动作,引得周围学生大笑。我拉下脸,大声叱责:"安某某,你给我站出来!"

在众目睽睽之下,他红着四方脸,耷拉着头,迟疑地站了出来。抓住这只"鸡",我杀"鸡"给"猴"看了:"大家看看,安某某像学生吗?叫立正不立正,叫稍息做怪样子,逗人笑,有心跟我作对。你看我个头没你高,块头没你横,想欺负我?没门!告诉你,我叫你吃不完,兜着走。今天回去,一写检讨;二叫父母在检讨上签字;三明早贴在班级门上,听见没有?"

真是立竿见影:此后学生见了我,个个怯生生地从我背后屏气敛声地溜过;家长也来信说:"想不到您年纪轻轻,却一下子把学生镇住了。"我得意了:当班主任真容易,无非就是狠一点。

"文革"后的一个夏天,路遇学生安某某,他和妻子牵着小孩,迎面走来。我买一支冰棒,蹲下来,送给小孩。安某说话了:

"丫丫,这伯伯蛮狠,他的东西不能要哟!"

说罢,竟扬长而去,把我这个老师晾在街头。我百思不得其解,心想,我为你们做的好事还少吗?这个班54人,有30人是小湖口、张家湾、周家大湾和安家湾的菜农子女,家境贫寒。我走访每个家庭,看到四壁皆空的情境,同情感油然而生,经常接济学生:秦志发头发长了,便给理发费;彭春枝没钱交搭伙费,我代交;谷捐志作业本用完了,我又去买;易放心脚骨折,我让他睡在我单身宿舍,背上背下;还有15人享受着助学金……越想越气,愤愤不平地问他要好的同伴,他笑着说:"老师您批评学生多了,习以为常了,都忘了那次训他的情形了。"哦,我想起了那次精心设计的下马威式的见面,竟如此脆弱,一下子被时间、被安某某的举动击得支离破碎了!

　　被西方教育史界誉为"科学教育学的奠基人"赫尔巴特,他的《普通教育学》一书被视为世界教育史上第一部具有科学体系的教育学著作。赫尔巴特说:"如果不坚强而温和地抓住管理的缰绳,任何功课的教学都是不可能的。"管理的方法,他认为第一是威吓;第二是监督以及与此相连的命令和禁止;第三是包括体罚在内的处罚。

　　为什么我用"威吓"就不灵了呢?我特例重访安某某,致歉后,他感于我的诚恳,不无幽默地说:"老师,您杀鸡儆猴,我们成了鸡和猴,当然就不认您了!"哦,把自我权威建立在使别人丧失尊严的基础上,自然是要坍塌的;把学生的个性客体化便是奴役的开始,自然受到本能的反对;缺乏尊重人格的教育自然不灵,也当然短命。教育依恃尊重,这便是我学习实践教育学的第一课。

人性光辉

即使风雨如晦，人性依然温暖人心

还不懂什么是教育的时候，"文革"便席卷神州。天天都有新奇的事，时时都有振奋的话。伟大领袖接见红卫兵的报道，让我这个"黑五类"（家庭成分不好的五种类别）也兴奋不已。（注：我父亲1925年加入共产党，1927年"马日事变"后，由于祖叔父发表一篇脱离共产党的宣言而成为"叛徒"，被关入牢中。）不能加入红卫兵，难道就不能跟着毛主席干革命吗？我联络家庭成分不好的教师，自己组成"红旗红卫兵"，也印传单、刷大字报、上街游行了！我初、高中的同学，正就读北京大学的李永长寄来《北斗星》小报；毛主席最新指示发表了，我兴奋地写出红色标语，落款为"决派"。天有不测风云，人有旦夕祸福。工宣队进校不久，以有《北斗星》小报和"决派"落款为由，说是"北、决、扬"分子，把我列入"五不准"（不准回家、不准会客、不准写信、不准打电话、不准串联）学习班名单，隔离审查了。除学最高指示、交代问题之外，就是扫地、扫厕所和出垃圾。失去自由方知自由之可贵。同被隔离的"牛鬼蛇神"们望着自由出入的师生，神情凝重，唉声叹气，踱着步子，走来走去。我却窃乐着，学生薛鸿喜偷偷送来《列宁传》，让我在读书中度过"监狱生活";接着有人暗暗耳语于我:"昨天,你的学生,好几个,要看你,不让,与工宣队吵起来了。"我在厕所旁扫地,生物老师李汉华,左右看了看,慌忙塞给我15斤粮票,我眼眶湿了——哦,即使风雨如晦,也熠熠如火,温暖人心,这便是人性。

作者的第一届学生(部分),左起张金玉、黄爱英、彭春枝、刘巧英(1967年)

晚上,我辗转床头,猜是哪些学生敢顶撞工宣队:是刘巧英吗?她贫农出身,才不怕那些;是彭春枝吗?爸爸是生产队长,平常说话都气壮如牛;是易放心吗?他爸是地道的工人……猜着想着,和学生下乡劳动的情景历历在目:顶着烈日插秧,吃着酱油拌饭;我得了痔疮,学生们心疼地把我送入医院,是学生张金玉、刘巧英、肖义发。哦,这哪是师生,这简直是兄弟姐妹。如今,我落难了,他们竟如此——想着想着,我暗自落泪了。

一天中午,我拖着满满的垃圾车,吃力地前行,突然感到轻松了,车快了。回头一看,原来是几小学生学雷锋哩!我暗自心叹,他们哪知我是一个"现行反革命"呢!转而一想,还是小孩子善良呀!转弯处站着蔡老师,左顾右盼,偷偷并得意地告诉我:你班那几个鬼才狠哩,工宣队不让他们看你，说你是什么什么。你猜他们说什么，"是不是我们学生最清楚！"像吃灵丹妙药似的，我的车拉得更快了，仿佛眼前一片光明：哦！那是人性的光辉。

一次，我从粮道街的武汉中学把满满一车垃圾拖到市25中对面的垃圾场，拼力举起车把，忽然旁边来了帮手，垃圾倒出了。回头一看，是学生张金玉那哑言的母亲！她是来拣猪菜的。我连忙点头，连忙帮她拣猪菜。临走时，她发出"啊——"的声音，指着她家的方向，意思是要我到她家去。啊！如此狼狈的"现行反革命"老师竟有不嫌弃的人——背过身去，我眼眶含泪了。心中发誓，再当老师一定好好待学生。

又一次，合力倒完垃圾，共同拣满猪菜。张金玉母亲坐在车把上，又指着她家的方向发出"啊——"的声音，要我去她家。我犹豫着。她双手从头的两边往下比画着，我从过去家访中知道，这是在说她女儿，说她女儿什么呢？看来是高兴的事。我决定去看看，但又放不下朝夕相伴的垃圾车。她看出我的意思，在车把上挪了挪身子，那意思是我看着呢，你放心去吧。去了后才知道张金玉进了国棉四厂，当工人了。她深情地说："我们都同情你，相信你！"

多好的学生！多好的家长！多好的人民！

"事出有因，查无实据。"经过200多天"炼狱"生活，以怪异的8字作托辞，我"解放"了。面对"新生"，我思忖，我感慨，我总结：教育与政治息息相通；政治向来把教育当成锐器，作为统治人民的工具。但又纳闷，难道教育的本质就是政治性的吗？它能不能不问、少问政治而有些许独立呢？唉，真是百思不得其解。不谙世事的我忠诚地跟着，没想到它竟无情棒喝！我暗暗庆幸自己得到同事、学生的呵护，因而有点懂了什么是患难见真情，什么是人，什么是人性的光辉；什么是学生，什么是学生的伟大。在没有学生的日子里，我居然如此想念学生；学生是我的小诗，百吟不厌；学生是我的心曲，千谱不尽；学生是我的爱画，万抹不穷。啊,学生成了我事业之源、生命之福。有道是滴水之恩当涌泉相报。请看我以后的行动吧!

办了板报留个影(1980年)

反躬自问

教育的信仰源于心忧天下

天天浸在教育中，教育现象纷至沓来。见怪不怪，是心灵的麻木；怀疑乍起，是灵魂的拷问。

1. 为什么中国教育培养不出诺贝尔奖的获得者

1985年5月19日，我国足球国家队输给了中国香港队，未能冲出亚洲，当时，北京的工人体育场"倾斜"了，全中国"倾斜"了。次日早读，学生议论纷纷。我走进教室，见状，深沉地说：

"足球输了，全国上下，舆论鼎沸，这是好事。但我总在想，一年一度的诺贝尔奖名单公布于世，没有中国公民的名字，为何反应是那样平静？中国啊，何时来一次诺贝尔奖金名单的心理倾斜呢？"学生议论戛然而止。我言犹未尽："从1945到1982年，美国获诺贝尔奖的人有120人之多，其中物理学奖37人，化学奖22人，生理医学奖50人，经济学奖11人。可我们中国人无一人呀！什么时候才有中国人的尊姓大名呢？"我在问学生，更是在问自己。

英国哲学家罗素早就指出："中国教育创造了稳定和艺术，它不能创造进步和科学。"过去读是话，我生腹诽；如今想，我顿觉有些许道理。

道在哪，我说不清、道不明，只觉得中国教育非改不可。

2. 到底什么是真正的教育

我们教育中的人，可一自问什么是真正的教育，一下子就怵住了。我问同事、家长、领导、邻居、学生，无一不说，接受别人的教导呗。我查遍教育辞书，无一不道，"培养人的活动"；谁培养？当然是父母、教师、领导和社会等对于受教育者来说的别人。习俗的回答和理论的诠释，共有一个指向，别人对受教育者的教导、管理便是"教育"。然则我发现，其中少了一项最重要的东西，那就是接受别人教育的"我"，"我"在教育中是什么角色呢？这个问题说起来每个教育者似乎都明白，但一到实践中又是决然两样了。

3. 教育的目的到底是什么

毛泽东时代的教育理所当然为无产阶级政治服务，于是教育嫁给了政治；改革开放后强调教育为经济建服务，于是教育嫁给了经济。教育、政治、经济三者中，受教育的人又不见了。人是教育的对象，但常常对象化；人的对象化，在我的理解，这是奴化的开始；只有把它主体化，才是教育之真谛。我暗想，这种想法入流吗？

4. 我们的学生少读了一本什么样的书

我这个当教师的也是从当学生过来的，自发蒙读书以来，和现在的学生读的课程基本一样，主要是语文、数学、自然、美术、音乐、体育、历史、地理、物理、化学等。可我在成长过程中，对自己的变化和如何对付变化一无所知，以至于遗精后不知是何物。当老师后遇到男女生那些事，居然不知所措。于是我想，为什么不编一本书，告诉学生认识自己的方方面面呢？

5. 课堂教学的真谛是什么

我曾观察、调查过11个亲属的小孩，从小学到高中的变化过程，发现他们对学校都是经历从喜欢变为抱怨、甚至骂学校的过程。这是为什么？知识的殿堂却成了学生的"监狱",这是为什么？难道课堂教学在扼杀学生对知识的兴趣吗？课堂教学不仅仅是传授知识,更重要的是师生一段生命的经历;让课堂充满关注生命的气息,让生命的活力如泉涌流,让智慧火花尽情绽放,让师生、同学之间充满真诚的关怀,这才是真正的课堂教学。而这些,绝对要摒弃对学生的羞辱、嘲弄、讥讽、刁难等一切不尊重人格的行为。这样,对教师的要求就更高了。

6. 我是一个合格的教师吗

当了 20 年的教师,今天突发奇想,居然反躬自问了:"合格吗？"文凭是不合格的,只在大学短训一年;师德是合格的,1982 年评为"武汉市模范班主任";教学是合格的,学生都喜欢我上课;然则教育思想合格吗？从一则学生的日记中,我猛然发觉师生不平等的恶劣影响;然而现代精神的一个重要方面,就是民主与平等。我民主吗？我与学生的关系摆脱传统的封建制度下的半人身依附关系了吗（一日为师,终身为父)？在班级管理中怎样民主呢？我平等待人吗？能关注所有生命的价值、肯定所有生命的意义、成全所有生命的发展吗？个个问号问得我脸发热。于是,"不当教书匠,要当有思想的、有独特思想的教育家"的念头涌上心头,热血在全身奔流！

The first album
第一辑

师生共同探究自我教育

　　一切倒退和衰亡的时代都是主观的，一切前进上升的时代都是客观的。先进的理念来自于实践，来自于敢于说出别人不敢说出的事实和事实背后的陋习，产生思想从而形成人的伟大。

Jiang Zi Li
Yu
自我教育

教育实践中得出颠覆性结论

鲁迅云:"不满是上进的车轮。"自从教以来,随着时间的增长,愈来愈不满自己的教育成果:学生的依赖性怎么越来越大!愈来愈不满自己的教育方法:怎么事事处处都离不开我!愈来愈不满自己的教育思想:不误人子弟,就得把学生管得服服帖帖……诸多的不满,日积月累,终于迸发出改变教育思想、探索教育新法、提高教育效果的念头。

这年金秋,我迎来了自己教育生涯的第九批学生——高一(3)班的58名学生。面对风华正茂的青少年,我不无感慨地说:"从1965年起当教师已21年了。'怎么教育学生'对我来说是一道终身的考试题。从今天起,我想和你们一起,探索一种新的答题方法。怎么个新法?就从编座位开始吧。"为说明过程、证明效果,特引用学生的一篇作文。

位　置

武汉中学高一(3)班林华

教室里很静。

这里坐着58名新同学,58双眼睛都庄重地注视着号称"模范班主任"的蒋自立老师。

班会开始了。内容：编座位。

从小学起，不知编过多少次座位，然而今天，不知哪儿来的一阵紧张，心咚咚地跳着，高中生活的序幕拉开了，老师会给我们安排怎样的一位同桌呢？能跟她相处好吗？

我是从"第三世界"走出来的。听人说，重点中学的学生优越感强、矜持骄傲、难以相处。是这样吗？我越发不安了。揣着许许多多的不安，听到班主任讲话了。

"同学们，"他笑着，脸上露出一丝"诡秘"的微笑，"今天，我让大家自己找到合适的位置。"

"自己找位置？"我惊愕了，简直不敢相信自己的耳朵。以往，编座位是老师的特权，有些老师还煞费苦心：太要好的不能坐一块——上课爱说话；脾气不和的得分开——拌嘴；男孩子和女孩子呢，更是离得远些——担心引起"早恋"……可万万没想到，蒋老师居然如此放心。

同学们散开了，我环顾四周，所见到的是一张张陌生的脸，却洋溢着热情的笑意；一双双陌生的眼睛，却闪烁着友好的目光。我该找谁呢？忽地，想起童年的游戏"找朋友"。

"找啊找啊找啊找，找到一个好朋友，敬个礼，握握手……"歌声仿佛从遥远的童年飘来。一个小姑娘踏着歌声来到我面前。她美极了，水汪汪的一双俊眼，又薄又小的嘴唇微微一启，便抛来一串撩人的微笑。以后，当我读到"巧笑倩兮"这样的诗句时，总不禁想起她。

"今天，那童年的女伴会来找我吗？"我傻乎乎地思忖着。"我叫黄淳，你愿意跟我坐吗？"一声清脆淳美的女声打断我的思绪。我转过身去，见一位身材修长，穿着洁白连衣裙的姑娘站在面前。

她并不怎么美，脸还微微有些黑，但脸上荡漾和悦、动人的微笑；不大的眼睛熠熠发光，流露出友好与真挚，与那童年的女伴一样动人！

"欢迎你，新朋友！"

我们开始找座位，蒋老师的话又在耳边响起："我提倡每个人的言行要有负责精神。在选择位置的时候，应该想到别人，想到自己的位置是否影响了别人，这就是一种可贵的负责精神。"语气凝重、深沉，仿佛要把每一个字每一句话都深深地烙在我们心上。

黄淳指着走廊一边最后一排座位说："就坐那儿，好吗？"那是个很坏的位置，又偏、又远、又暗，而且一丝风也吹不进，闷热得很。

"好同学，你选择得好！"

我抢先在靠墙的位子坐下，她说："不，还是我坐里面吧。"我笑笑说："没事儿，我看得见。"看她还不放心，又补充一句："别担心，我两只眼睛加起来三点零呢！"

我们都笑了。笑声中，友谊在升华。

教室里站的同学越来越少，一对对同桌找到自己合适的位置坐好了。真怪，刚才还陌生的同学，仿佛一下子成了分别多年的老朋友，谈笑自如，无拘无束。

蒋老师满意地看着同学们，脸上流露着掩饰不住的喜悦。等到最后一个同学也坐好了，他将手一挥："起立！"

我们"唰"的一下站得笔直，就像春天里一排排沐浴着阳光的小树。

我想起了负责精神，我感到了这种精神的伟大。同龄人啊！说什么"人不为己，天诛地灭"，说什么"多讲点实惠，少讲点精神"。都抛掉吧！我们要少一点利己，多一点利人；少一点斤斤计较的世故，多一点纯洁真挚的童心！

眼下，每一个同学都有自己的座位，不，应该说，每一个同学在这个新集体中占据着一个位置。我突然想起夜空的繁星。每颗星都占据着一个位置，每颗星都为天空无私地奉献光和热。星光灿烂，交相辉映，每颗星都更加迷人了。

我珍视我的位置。

厨师看火色，教师看脸色。从学生那洋溢着兴奋的脸上，我读出了学生接受新的教育方法的神情。于是，我趁热打铁，笑着问："怎么样，这种方法？"学生众口一词："好！"我又接着问："能给这种方法起个名字吗？"教室一下沉默了。继而，三三两两小声议论，渐渐的，人声鼎沸，有人竟嚷道："老师，您说说吧！"

"刚才编座位，是一次教育活动。"望着学生悱然之态，我说，"这次教育活动包括三个基本要素：一是我，就是教育者。二是我这个教育者提出活动的目的，按'在选择位置的时候，应想到他人'的道德标准找座位的方法，与众不同，叫'自找'，这个要素的名字叫'教育的内容与手段'。三是你们，就是受教育者，你们把教师这个教育者提出的教育内容和方法变为自己的行为，找到适合自己的座位，这个过程叫自我教育的过程。"于是，这次教育活动就意义非凡了，学生显出茅塞顿开的神情。我继续说："因此，我们的教育可以简化为一个公式：教育＝教师的教育＋学生的自我教育。教师的教育，说起来绕口，应换个说法。我想，对于你们来说，是来自于外部的教育，来自老师的教育，该起个名字——叫什么呢？我想过很久，翻过许多词典都没查到。我觉得它应和自我教育相对应，叫什么？叫他人教育？叫他我教育？"我像是在问自己，又好像在问学生。

学生议论风起，跃跃欲试，想帮我解决这个难题。

"从小到大，我们都在接受别人的教育。"

"别人的教育对我有好处呵！"

"别人对我的教育，哈，他我教育，这样叫好些。"

大家一致认同"他我教育"。理由是，"他人"即别人；"他人教育"，即别人的教育；与"他人教育"的区别在于，后者与我联系紧些。

我致谢后，接着说："可是，过去我只强调老师通过讲、说、要求、组织等等各种法子来管住你们，你们总是被动的，长此以往，依赖的念头便根深蒂固，为你们的发展埋下祸根。从今日起，更要强调你们的乐意接受，并转化为言行，更强调你们像今天这样主动参与，自己做自己的主人，自己管理自己，这是自己教育自己。自我教育，这就是要探索的答题方法！好不好？"

"好！"异口同声的回答中洋溢着对人性解放的认同。

次日凌晨，困扰的"他我教育"问题把我从梦中唤醒。查看着各种教育书籍，思路清晰起来：

教育学，从起源上看，英语国家的"pedagogy"、法语国家的"pedagogy"和德语国家的"pedagogik"（教育学）均源于希腊的"pedagogue"（教仆）一词，意为"照看、管理和教育儿童的方法"。按这种诠释，"方法"对于"儿童"来说，是来自外部的"照看、管理和教育"，即他我教育。

我国则始见于《孟子·尽心（上）》："君子有三乐，而王天下不与存焉。父母俱存，兄弟无故，一乐也。仰不愧于天，俯不怍于人，二乐也。得天下英才而教育之，三乐也。"这里的"教育"对"英才"而言，是来自外部的，因而是他我教育。在先秦古籍中，"教"与"育"二字联用得很少，大都只用一个"教"字来论述教育的事情。最早将"教""育"二字用在一起的是孟子的上段名言，于是沿用至今。换言之，从孟子说这段话的2300多年以来，"教育"实际上是他我教育。

再看标志教育学逐渐独立为一门学科的著作：

英国学者培根在《论科学的价值和发展》（1623年）一文中，首次把"教育学"作为一门独立的科学提出；

捷克教育学家夸美纽斯出版了近代第一本系统的教育学著作《大教学论》（1632年）；

英国哲学家洛克出版了《教育漫话》（1693年），提出了完整的"绅士教育"理论；

法国思想家卢梭出版了《爱弥尔》(1762年),深刻地表达了资产阶级教育思想;

德国哲学家康德在《康德论教育》(1803年)一书中明确提出,"教育的方法必须成为一种科学"和"教育实验"的主张;

瑞士教育家裴斯泰洛齐写作《林哈德和葛笃德》(1781~1787),提出"使人类教育心理学化"的主张;

德国心理学家和教育学家赫尔巴特被认为是"现代教育学之父"或"科学教育学的奠基人",他的《普通教育学》(1806年)被公认为第一本现代教育学著作。

上列著作无不都是在论述国家、社会、成人等如何教育儿童、学生,而对于儿童、学生而言,这些教育都是来自外部的,还是他我教育。

作者在学术年会上讲学(2001年)

第三,我国王道俊和王汉澜主编的《教育学》共20章,后16章都是谈社会对受教育者如何实施教育,当然也是他我教育;而这部教材是我国教育学的核心教材,因此,我国教育学是以他我教育为中心构建的。

第四,过去由于没有他我教育这个概念,因而频频出现"教育"这个大概念被窄化用为他我教育的现象,如苏霍姆林斯基的《青少年的教育和自我教育》,显然这例中与"自我教育"相对应的"教育"便是他我教育。

由此我得出一个颠覆性结论:自从人类论述教育以来,即2300多年以来,几乎都是他我教育,教育学则是以他我教育为中心构建的。

迎着朝阳,一种兴奋在全身扩散:我在教育实践中,反思教育,居然能得出如此结论;教育着实让人发现,让人创造,让人幸福。

寻找共同生活的方式

这天，思想活跃、成绩平平的学生小陈找到我，脱口就问：

"自我教育的具体方法是什么？"

我笑而不答却反问："你认为呢？"

"我建议全班讨论讨论。"

"好呀，你做好发言准备，把你那一伙人都发动起来。"

小陈露出不高兴的神情，嘟囔道："什么一伙人，又批我。"

我笑道："你是他们的头，有什么不好，我正要让你发挥作用哩！"说得他一头雾水。

班会时，我从小陈说起，要求全班自由结合成小组，讨论：你经历过的班级是怎样管理的，利弊如何？自我教育的具体方法是什么？

一石激起千层浪，那情景只配得上用"解放"二字来描述。他们兴奋得呼朋唤友，凝聚得促膝而谈，自由得激情四射，整个教室焕发着人性魅力光彩。

"反正是老师一个人说了算！"

"独裁！"

"专制！"

"干部是马屁精。"

"专门打小报告。"

"哪是我们选的。"

"都是老师指定的。"

"一当就几年,真是老干部。"

"难道没一点好的?""老干部?"小毛不满地反问。

但却遭到围攻:"人家从小学到初中,都是老师的红人,当然叫'万岁'啦!"

"说过去、反思过去,不是针对个人,而是为了向前看;你们觉得老师一个人独管班级不好,新方法又是什么呢?"我大声问。

又七嘴八舌起来:

"大家选。"

"我们刚认识,不了解,怎么选?"

"老师说候选人,我们选。"

"不行,那又是老干部当选。"

"我说点看法,"我觉得是火候了,该说了,"我们今天是来寻找高一(3)班共同生活的方式。这种生活方式离不开人类文明这个源泉,大家想想历史,它给我们什么启示呢?其次要放眼现代,又找到什么借鉴呢?"

"专制、独裁肯定不行!我建议用民主的方式。"小陈大声说。

"什么是民主呢?怎样才是民主呢?"我扔"石头"了。

"民主就是大家来管理班级。"

"怎么个大家法?"

"总要选个头吧。"

"那还是选吧。"

引而不发,如跃也。我又说话了:"民主,是现代文明的主题,表现在治理国家上，是一种管理国家的方式，叫政治民主。既然政治民主，当然教育也应民主，表现在我们这里应是班级管理民主，也就是我们的班级生活以民主的方式进行；民主的生活方式，要找到具体的载体，如现在文艺节目的载体主要是电视，我们班级管理民主生活的载体是什么呢？我提个载体，你们看行不行？"

迎着学生期待的目光，我缓缓道来："这载体叫'值周班长制'。什么叫值周班长制呢？具体做法是，全班同学自由组合，每6～8人为一组，组成若干个班委员，我班58人，可组成七个班委会；每个班委会推选班长一人，其余均为副班长，负责一周的班级事务。各个班委会轮流值周。"

"好呀！原来如此。"小陈居然叫起来。

"且慢，每个班委会按照什么来管理全班呢？"我问。

"那就定个规矩。"小毛说。

"好，那就先自由组合成七个班委会，选出每个班委会的班长，在他的组织下，讨论并拟订出班规和班委会的职责条例。"我趁势说。

学生从来没有的兴奋，从来没有的主动，勃然展现在我面前，使我惊讶，惊讶什么叫人的潜能如井喷；叫我感慨，感慨什么叫民主的力量如倒海！

当7份讨论稿呈现在我面前，有学生建议，还是由蒋老师汇总吧。我瞥了她一眼："我可不独裁，七个班长明天中午一点到我办公室议论商定。"同学们笑着散了。

入夜，想着白天的议论，翻着教育书籍，我想为自己的教育行为找到进一步的理论支撑：

被称为美国的"孔子"的爱默生说："我付钱给校长，但教育我儿子的却是他的同学。"让学生互相教育，岂不就是自我教育吗？

成功学大师卡耐基指出："最重要的是，不要帮孩子去做他自己能完成的事。不要剥夺他发展自己的成功的那种无价的特权与兴奋。"都高一了，难道还要老师抱着吗？

翻阅7份讨论稿，反驳的心声怦然而出：是谁说让学生自治，他们就无法无天了？就脱离了社会？请看他们拟的班规和职责条例，条条都符合社会规范。反对自治的人，他们怕失去什么呢？我百思不得其解。

次日，经七个班长议定的班规和职责条例诞生了！

又经全班选举，三人考评小组产生了，它独立于每个班委会之外，按职责条例考核每个班委会。

好啦，为民主生活真实而非虚假的，最重要的是我这个班主任了。我给自己定了规矩，当众宣布：一是尊重每个班委会的决议，只有建议权，没有否决权。二是每周三中午一点，与下周班委会商议值周计划。三是阅读班长日记，及时写出感想与建议。

就这样，师生共同构建的民主的生活方式开始了！自我教育的帷幕拉开了！

作者为湖北荆州中学3千余师生作演讲（2002年）

自我教育决定人生

周末到了,学生经过一周的紧张学习,应该放松一下了。我常利用放学前 30 分钟,和学生谈谈感触,说说时事,道道家常,扯扯班务。师生间倒也无拘无束,平起平坐,各抒己见了。虽是随题而谈,收获却也不少。我把这种班主任工作形式,美其名曰"周末聊天"。

这天,我们谈到了教师。学生小周对《师说》一文课后留下的两个问题特别感兴趣。用我的问题,嬉皮笑脸地反问我:

"蒋老师,您认为人生有几位主要老师?而哪位又是最重要的呢?"

另几个学生也附和道:"蒋老师,就给我们聊聊嘛!"

"人的一生里,遇到的第一位老师是谁?"我问道。

"妈妈、爸爸。"学生显出不屑一顾的神情随口答道。

我接着说:"父母是人生的第一位老师,是他们生育了我们,养育了我们,教会了我们吃喝拉撒,教会了我们说话走路。一句话,他们给了我们生命最初的、宝贵的东西。接下来,我们到了三岁或六七岁,接触到的就是幼儿园老师、小学老师,接着就是我这样的中学老师,以后是大学老师。除此之外,还有特别意义的老师吗?"

一阵七嘴八舌后,学生小张说道:"电视应算一位特别意义的老师。

从小到大，有不少时间在电视前度过，电视节目让我开阔了眼界，增长了见识，丰富了阅历，了解了世界。"

小李抢着说："还有大自然也是特别意义上的老师。我常想，地球那么多灾难：风灾、水灾、火灾、旱灾、地震、火山爆发等，为什么万物仍然千姿百态，生机勃勃，这究竟靠的是什么力量？我百思不得其解。后来，我来到庐山，看到眼前如画的风景，我突然开窍——大自然生生不息靠的就是生命的力量。从此，我的人生信念发生了变化：衡量任何事情能不能干好的关键，就是看它有没有生命力。你们看，大自然这位老师给予了我的人生多大启示呀！"

教室里响起了掌声。学生小何似乎从中品到了什么，按捺不住，脱口而出："我想，同学也是位老师。小李讲得多好啊！简直是一位人生哲理大师。"又是一阵掌声，中间还夹杂着开心的议论声。

班长小唐拍拍手说："我认为，我认为社会是一位大老师。你们看，如今社会注重抓经济，社会就繁荣，老百姓就安宁，这岂不是社会这位老师教育全国人民应该怎样生活吗？"

聊到这里，学生小周似乎恍然大悟，连连说道："这样看来，蒋老师的第二个问题就有正确答案了，那就是'社会'是人生最重要的老师，对不对？"说罢，望着我。

我问道："人生的主要老师说完没有？"

又是一阵议论，有的还争得个面红耳赤。一阵高潮过后，全班学生不约而同地望着我，那意思是要我作总结。

"人生有几位主要老师，他们是：父母、教师、电视书刊等媒介、同学、大自然、社会……这六位教师的'教育'对我们来说，都是来自外部的，是他我教育。这种他我教育要通过谁才能奏效呢？"我先概括后问道。

"自己""我自己""我""自我"……学生一下子茅塞顿开，纷纷答道。

"因此，人生的第七位老师就是自己，自己是自己的老师。人自己在教育自己，能不能举个例子说说。"望着学生渐入佳境的神情，我转而问道，使他们陷入了沉思。

足足有几分钟，个个学生还沉浸在"自我思考"中。

"你们还没想好，老师带个头，先讲一个自己教育自己的真实故事……"

讲完，我有点得意地问学生："现在蒋老师讲得课怎么样？"

"好！"有的学生竟击掌答道。

"这就是自己教育自己的结果。实际上，每个人都在自己当自己的决策者。对于父母等六位老师的教育，你都在选择：喜欢的，你接受了，指情感；值得的，你接受了，指价值；正确的，你接受了，指道理。否则，就拒之门外。所以说，自己是自己的主人，自己是自己的教师，自己是自己的决定者……这就是'自我教育决定人生'的含义！"

讲到这儿，我挥动着的右手，在空中突然停下，做了一个造型。

一阵寂静后，教室里响起了热烈的掌声。我言犹未尽："我个人的体验是——求人不如求自己，万事靠自己。我努力，我前进，我坚持，我成功！"说到这儿，我激情来了："我建议，全班一起击掌，把这两句话呼喊一遍。"

"求人不如求自己，万事靠自己！"

"我努力，我前进，我坚持，我成功！"

欣赏着学生亢奋的神情，我这个人类灵魂的工程师陶醉了。

教师职业就这样：知困时能让自强，得意时能令自省。入夜，我记录这次教育，边记边思，得出如下图解：

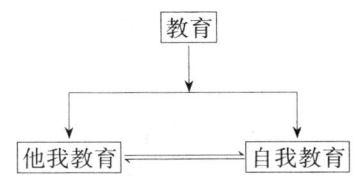

上图告诉我们：首先，自我教育与他我教育相对应，同为教育概念的下位概念，共同组成教育概念，这点十分重要。第一，它表明自我教育不是他我教育的附庸，不是他我教育的一种德育方法，不是他我教育要求下的自我修养，而是和他我教育平起平坐的"教育"的另一块基石，从而确定它在教育概念中不可代替的重要地位，这是对"教育"概念两千多年以来的历史补位！二是两者互为依存，缺一不可：没有自我教育，他我教育空寂无了；没有他我教育，自我教育迷惘失源。三是他我教育与自我教育在教育中呈互动态势，一般是他我教育引起自我教育，自我教育回应他我教育，在自我选择后而决定方向。四是他我教育的目的是为了实现自我教育，许多有识之士众口一词都这么说。

自我教育与他我教育如同地球与太阳；自我教育既要自转，又要绕着太阳公转。如图所示：

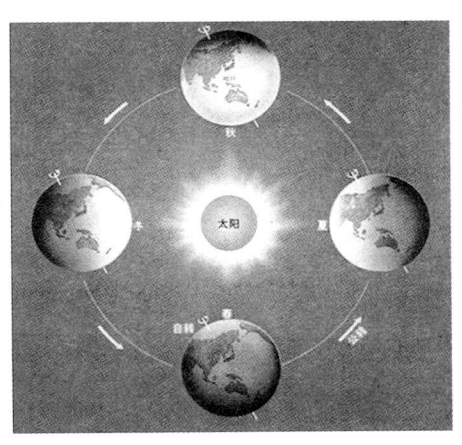

提出"他我教育"的意义,一是使教育不再被窄化为"他我教育",使教育概念名正言顺;二是让自我教育有了对应的概念,从而组成真正的教育概念;三是这样补自我教育之位,从而客观地、准确地反映教育实际状况。请问,没有受教育者的自我教育,他我教育能成吗?

认识自我是世界上最困难的课程

学生小郑气哼哼地指着"班长日记"对我说:"老师,你看,我写的日记,被他们画得一塌糊涂。"打开一看,只见日记的天地头、空隙处,写了不少话。有句最刺眼:"不许放屁,我与同桌讨论题目,根本没讲闲话。"我安慰几句后,在思索怎样引导学生如何对待此事。

这天,上下两届班委会交接时,小郑提出要尊重别人写的日记,别在上面乱画。我趁势说:"大家就小郑提出的问题议论议论,让民主的生活方式和谐些。"议论中,除"放屁"一词应改外,其他都说应该允许在日记上发表不同意见,这样更实事求是,更集思广益,更百花齐放。我趁机解释:"和谐,这个词很有意思,你们看,'和'字左边为'禾',就是稻谷、米、粮食,右为口、人口,人人有饭吃,才能和平;'谐'字左边为'言',言语、说话,右为'皆',意为都能说话,都有说话的自由。既有温饱,又有说话的权利和自由,岂不和谐吗?"我趁机又话锋一转:"小郑提出一个人生课题,怎样认识自己。我来考考你们的知识面,谁知道斯芬克斯故事吗?"

学生小康站起来说:"古希腊著名的神话'俄狄浦斯王'是人类认识自己的一次尝试。神话中的忒拜城城门曾有一个人面狮身的怪兽,名字叫'斯芬克斯'，有一段时间它每天要求出入城门的第一个人回答它出的谜语，回答对了，放行；回答错了，会被吃掉。它的谜面是：有一种动物，早上用四条腿走路，中午用两条腿走路，傍晚用三条腿走路，这个动物是什么？很长一段时间都没有人能回答出来，很多人因此丧身狮口，弄得忒拜城人人自危。一直到俄狄浦斯出现，才解决了这个问题。它的谜底是'人'。因此，认识人本身是需要智慧的。"

"这种智慧来自人与人的交往。"我又问，"你们是怎样知道自己叫小郑、小康的？"

"父母叫呗。"

"父母叫小郑，小郑就知道自己叫小郑；别人叫小康，小康就知道自己叫小康，这大概在人出后 19 个月左右的时候。因此，人首先是靠别人来认识自己的，靠别人这面镜子认识自己。小郑写的'班长日记'，有这么多同学批注，一方面说明你写的日记不同寻常，引人注意；另一方面也为小郑认识自己提供了机会，应该高兴才是，不要为不雅的话气鼓鼓，这才叫有气量。我们大家都做到，有则改之，无则勉之，闻过则喜。千万不要闻过即跳，那可伤身啊。"

"老师，刚才讲的是人首先是靠别人来认识自己的，第二呢？"有人迫不及待了。

"小郑写的日记，是他的作品，类似的还有你们每天的作业、作文、考试卷、运动会的成绩等等都是你们的作品，通过这些作品映像自我，认清自己在思想、性格、作风、体能等诸方面的素质状况，从中找出优点，察明不足，明确进一步努力的方向。我们每个人常常通过别人和自己的作品这两面镜子来认识自己，千万要珍惜啊，可不能它蒙上灰尘，更不能因不小心打破了。"

"老师，还不全吧？"生活委员小胡问道。

我望着她，等待她的下文。

"上周我们检查身体，不是通过仪器在认识自己吗？"

"对！对！"

"还有我妈烦死人，总拿别人和我比较，气死人。"小彭说。

"哦，俗话说，人比人，气死人，我建议改为，人比人，激励人。哪位同学再讲个故事？"我问。

在罗江松讲了"孔明三气周瑜"之后，小谢讲述：

"台湾女作家三毛在少年时代就患上了严重的心理障碍，她将自己关在家长达七年之久。那是因为三毛在台北省立第一女子中学读书时，数学成绩很差，她的数学教师对她十分冷淡，还当着全班同学羞辱她，说她爱吃鸭蛋，并且动手用毛笔在三毛的眼睛周围画上两个大黑圈，命令她带着满脸的墨汁绕校园一圈示众。三毛默默地承受着这一切，第二天她坚持着上学，第三天，她刚走到班门口，一下晕了过去，从此，便把自己关在家里。这位教师无视学生自尊、侮辱人格的做法给三毛造成了严重的心理创伤。"

"像三毛的数学老师这样的人如果出现在你们身边，你怎么办呢？"我趁时问。

在班上素有"理论家"的小伍分析道："认识自己，一靠别人这面'镜子'，二靠作品这面'镜子'，三靠仪器来检测，四靠社会比较这个大'镜子'，我认为还有最重要的一点，就是靠内省，即自省。"

我问："谁说的？"

"孔子。"

"我介绍一下，小伍父亲在华师工作。你接着说。"

"对别人的、仪器的、比较的等评价，反映到自己脑里，就有个判断，有个找原因的过程。判断得不对，就像周瑜那样被气死，像三毛那样被气出病来。"

"你父亲在华师教什么课？"有人问。

"教《心理学》。"

"你们有什么问题可到小伍家去咨询。"我抓住时机建议道，接着说，"这个判断很重要，这个判断便是自我教育的过程。你们看，你周围对你的表现，有各种各样的评价，反映到脑子里，便出了两个'自我'，一个是自己认为的'自我'，一个是别人认为的'自我'。两个'自我'便在脑子比较起来，进行一番自我认识，这是自我教育的开始。自我认识的目的是发现问题。接下来便是第二步，自我导向，或者叫自我选择、自我判断，那些在价值上值得的、情感上愉悦的、道理上自圆其说的，便选择了，这是自我教育关键的一步。第三步便是自我调控，选择后，便对自己如何做，作出调节。自我认识——自我导向——自我调控，这便是自我教育的三部曲。周瑜如有有容乃大的胸怀，想到'我行，别人更行'，世上聪明人多了是件好事，就不会发出心胸狭猾的悲言——'既生瑜，何生亮'，以至于气死。三毛的老师，也许是个误人子弟的庸师，这是一方面，另一方面，有这样的人怎么办，有这样的客观存在的'镜子'怎么办？"

同学们习惯在我发问后七嘴八舌：

"事后给老师提意见。"

"我要向校长反映。"

"下策呀！关键在自己。"

"对啦，关键在找到判断的标准。老师侮辱人格不对，但因此丧失自信，自我封闭就不好了。有了判断，行动便有了——把老师的批评、甚至侮辱，化为自己争气的力量，这便是自我教育。"

"我看，任何人都不能伤别人的人格。'己所不欲，勿施于人'，孔子曾这样说过。"小伍补充道。

"尊重能唤起尊重，在民主的生活方式中，互相尊重，能唤起人积极向上。我给大家发一份材料，带回去看。"

一个关于自卑的女佣和他儿子的故事

有一天,主人家举行晚宴,女佣要工作到很晚,她只好将四岁的儿子带到主人家。她很自卑,怕儿子知道自己是一个佣人,于是把儿子藏在卫生间里,并告诉他,他将在这里享用晚宴。男孩在贫困中长大,从没见过这么豪华的房子,更没有见过卫生间。他不认识抽水马桶,不认识漂亮的大理石洗漱台。他闻着洗涤液和香皂的香气,幸福得不能自拔。他坐在地上,将盘子放在马桶盖上,盯着盘子里的香肠和面包,为自己唱起快乐的歌。

晚宴开始的时候,主人想起女佣的儿子。主人看女佣躲闪的目光就猜到了一切。他在房子里静静地寻找,终于,顺着歌声找到了卫生间里的男孩。那时男孩正将一块香肠放进嘴里。

他愣住了,问:"你躲在这里干什么?"

"我是来这里参加晚宴的,现在我正在吃晚餐。"

"你知道你是在什么地方吗?"

"我当然知道,这是主人单独为我准备的房间。"

"是你妈妈这样告诉你的吧?"

"是的,其实不用妈妈说,我也知道,晚宴的主人一定会为我准备最好的房间。"男孩指了指盘子里的香肠,"不过,我希望能有个人陪我吃这些东西。"

主人默默走回餐桌前,对所有的客人说:"对不起,今天我不能陪你们共进晚餐了,我得陪一位特殊的客人。"然后,他从餐桌上端走了两个盘子。

他来到卫生间的门口,礼貌地敲门。得到男孩的允许后,他推开门,把两个盘子放到马桶盖上。他说:"这么好的房间,我们一起共进晚餐。"

那天他和男孩聊了很多。他让男孩坚信,卫生间是整栋房子里最好的房间。他们在卫生间里吃了很多东西,唱了很多歌。不断有客人敲门进来,他们向主人和男孩问好,他们递给男孩美味的苹果汁和烤成金黄色的美食。他们露出夸张和羡慕的表情,后来他们干脆一起挤到小小的卫生间里,给男孩唱起了歌。每个人都很认真,没有一个人认为这是一场闹剧。

多年后男孩长大了。他有了自己的公司,有了带两个卫生间的房子。他步入上流社会,成为富人。每年他都拿出很大一笔钱救助一些穷人,可是他从不举行捐赠仪式,更不让那些穷人知道他的名字。有朋友问及理由,他说:"我始终记得许多年前,有一天,有一位富人,有很多人,他们小心翼翼地保护了一个四岁男孩的自尊。"

次日,几个学生请我看他们的读后感。看后我有些感伤:"可惜呀!"

"惜从何来?"爱开玩笑的孙晓问。

"你们上学以来,学语文、数学、外语、历史、地理、生物……"

孙晓接过话:"还有想破脑壳的几何,猜不透的物理,看不明的化学,特别是死记硬背的政治。"

"有一本关于你认识自己的书吗?"我问。

学生头摇得像拨浪鼓。

"所以……"我刚要开口。

"求人不如己,我们自己编。"孙晓快人快语。

"起个什么名字?"有人问。

"叫《认识自己》。"

"叫《自我》。"

"叫……哎,认识自己达到什么目的?"我问。

"那就命名为《认识自己,实现自我》,怎么样?"

"好!蒋老师写大纲、写样榜文。"孙晓俨然像主编,分任务了。

我笑道:"有志气。那上面的材料为什么这样打动你们,读后有冲动感，非说不可？"

"故事呗。"

"故事中的思想。"

"心有灵犀一点通。我这儿有大纲，你们看看，有什么遗漏的。"我说。

"好哇，原来老师早就算计好了。"孙晓笑道。

众看着，低声议论着。

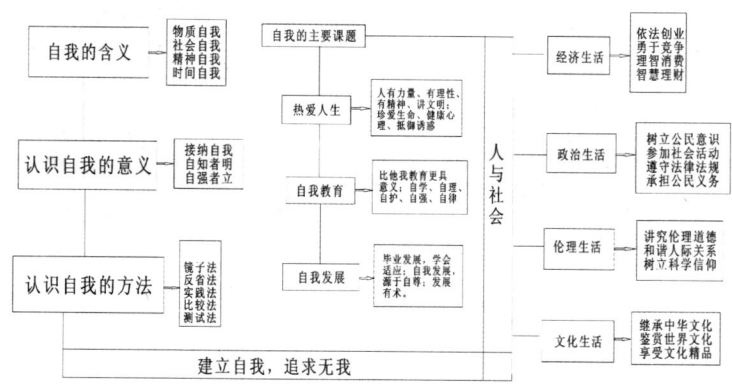

"自我教育"大纲

"这里错了一个字，'自我发展'中的'毕业'应为'毕生'吧。"

"对……对！"

"我觉得差一个大项，你们看，有人与自己、人与社会，还应有人与人吧？"

"人与人能不能包括在人与社会中？"

"我看还是分开好写些。"

"哟，还差一个大项，人与自然呀！"

"对！应包括'敬畏自然，认识自然，保护自然，利用自然。'"我补充道。

"好，明天我们搞个倡议，全班来写。蒋老师，你的样榜文……"孙晓逼作业了。

"明天交。"我像学生那样大声回应着。

作者为湖北秭归二中2千余师生作报告（2004年）

自我意识与生俱来

我儿子蒋波放学后兴冲冲闯进我的教室,几个女生叽叽喳喳围着他问七问八,儿子仰着红扑扑的脸说:"我找爸爸有急事。爸,老师要交小时候的照片。"在学生和儿子的簇拥下,拐个弯便到我那名副其实的寒舍,大白天,开着灯,找出儿子的照片,他选出一张带走了。几个学生饶有兴趣地逐张看着、评论着。(可惜呀,在乔迁中遗失了这些照片)

一张嘴含着手指头的照片,引起大家的注意。

"多大?"一个学生问我。

我指了指照片的背面。

"啊,23天!"

"我妈说小伢手指有三两糖,总想往嘴里含。"

"新生儿,总是期待手像乳头那样到来,这表明什么呢?表明人有先天的意识,或者叫遗传的自我意识。"我解释说,"你们看这张,他看着他妈。他能视觉定位,这又表明小伢对自我环境的辨别能力在出生时就具备了;再看这张,他在对我笑,为什么呢?因为我抱着对他'阿公''阿公'地笑,他便与我一样的笑了,这更说明在他的意识里能制造出和我一样的表情。因此有理由认为,人的自我意识与生俱来。"

"蒋老师，嘿，你这是个发现！"学生小伍称赞道。

"一般的教育学书、杂志都说婴儿刚出生不久，只有一种混沌的一般机体感觉；而到三岁，分离到一个体化阶段，才使儿童形成了自我概念，产生了一个具有稳定意义的客体我，即自我意识。"我又解释道。

"其他动物有自我意识吗？"孙奕好奇地问。

"最近看到一个资料：美国心理学家盖洛普，把黑猩猩带到一面全身镜子前，然后记录它的表现。开始，黑猩猩以为是另一只猩猩；慢慢地它能整理自己身体上不能直接看到的部分，再后来还会对着镜子剔牙。于是盖洛普认为，黑猩猩行为转变就意味着它认识到镜子里的动物实际上是自己，即黑猩猩有自我意识。"我解释道。

"别的动物有吗？"小邓也好奇了。

"没看到相关资料。你以后考大学可选心理学专业，岂不更有意思？但有句俗话，叫'物以类聚，人以群分'，假若狗不知自己是狗，岂不跑到猪圈里去了吗？我认为，这话说明民间有许多习俗的学问。"我回应着。

"找到支持你发现的依据吗？"

"有呀，美国心理学家布朗在《自我》这本书的第90页中指出：'研究已经发现：一，自我意识不是人类独有的；二，在出生的第一年，婴儿就具有了自我意识。'当然这种自我意识是初级的，随着年龄的增长，自我意识也在向深度广度发展。"我提示着。

"蒋老师，你可以把你的发现写篇文章去发表。"小伍念念不忘力荐自己的老师。

"我不抱什么希望，一些报纸杂志只看重中国以外的报道，而像我这样的，连看都不看，这叫远处的和尚会念经。"我不满地说。

"哎，什么时候才能自爱，甚至自豪？"孙奕愤愤不平。

我像来了临场教育的机智："好！我们刚才说到'自贱''自爱''自

豪'等词，应是人自我的一种状态，现在查查'自'字条，有多少这样的词条，来个'自'字群英汇。"

我的建议得到热烈响应，从书架上抽出《现代汉语词典》，一个学生报词条，一个记下褒义的，一个记下贬义的，另一个记录中性的。

顿时，我的寒舍传出师生，不，是朋友，快乐的笑声。

褒义的：自爱、自拔、自持、自得、自动、自发、自告奋勇、自豪、自己人、自给、自咎、自救、自觉、自觉自愿、自理、自立、自力更生、自量、自遣、自强不息、自然、自如、自若、自食其力、自首、自卫、自慰、自我改造、自我批评、自我作古、自新、自信、自修、自学、自愿、自知之明、自治、自制、自重、自主、自尊，共42个词条。

贬义的：自暴自弃、自卑、自惭形秽、自吹自擂、自大、自渎、自肥、自封、自负、自高自大、自尽、自居、自绝、自夸、自满、自鸣得意、自馁、自欺欺人、自食其果、自私、自诩、自以为是、自用、自由主义、自怨自艾、自作自受、自作聪明，共28个词条。

中性的：自变数、自便、自乘、自从、自动步枪、自动铅笔、自感应、自耕农、自顾不暇、自花传粉、自己、自来、自来水、自来火、自料、自流、自留地、自命、自然规律、自燃、自身、自生自灭、自诉、自为阶级、自问、自我、自我表现、自习、自行、自序、自由、自圆其说、自在、自治区、自传等36个词条。

"啊呀，这么多！"

"人对自我的认识这么丰富。"

"以后还会有更多。"

我接过学生的议论："这个说法有预见。"转而问："语言是什么？"

"是人与人交流的工具。"

"还是人思想的外壳,是思想的载体。人类在漫长的演变过程中,逐渐认识事物、认识自己,便把这认识用文字来表达。如上面三种类型的词条,褒义的是人对满意的认识,贬义的是不满意的,中性的有的是自己认识事物而制造出来的工具,有的是自己认识后用来对组织、学科等的名称。因此,自我意识可能有多种方向,关键在自我确定了。"

"我最近从华师人类学教师那里听到一个惊人的消息,你们猜是什么?"小伍制造着悬念。

"别卖关子,快说。"

"他说我们的祖先的祖先、祖先的祖先、无穷的祖先的祖先来自非洲。"

"瞎说。"

"不肖子孙,北京猿人要骂你!"

"我也看到这方面的资料,现在一种理论被大多数人普遍接受,那就是人类起源于非洲的热带森林。非洲是今天地球上所有人,也是已经灭绝了的所有人科动物的老巢。据考古学家推测,人类进化的步骤大致分四个阶段,分别为:南方古猿、能人、直立人和智人。从古猿到智人,需要经过700多万年的物竞天择。人如何才能战胜最凶猛的野兽,如何学会驾驭火,如何制造工具,如何躲避天灾人祸,并最终从一种猿猴似的生物演变成了地球的主宰?每前进一步都需要自我教育,才能战胜凶猛的野兽,才能躲避天灾,才能生存下来。所以,人类每次进化都是人类自我教育是结果。"我支持小伍的消息。

"可是,我们的教科书都一直那么说,我们的祖先是北京猿人,这是为什么?"一学生质疑。

"这说明人类认识事物的曲折性、反复性。人的自我意识影响自我教育效果,我以为有三个因素:一个是失实,即掌握认识事物实事根据不充足,如人类起源问题。二是自欺、掩耳盗铃是一种,为自己不合理的言行，找个理由。三是自卑，做了但目标未达到，便自卑，怀疑自己的能力，在与别人比较中产生自卑，有先天性不足带来自卑。所以，在自我教育时要驱赶上面三个魔影，才能使自我教育效果显著。"我解释道。

"人类在自我教育中发展，个人也如此，人人都在自我教育中成长。自学成才的名人有——我们来做个游戏，每人说一个，来个接力好吧。"有学生建议。

"世界著名的数学家华罗庚。"

"斯坦福大学计算机科学家罗伯特·弗洛伊德。"

"英国的化学家、物理学家道耳顿。"

"华人首富李嘉诚。"

"美术大师蒋兆和。"

"俄国作家高尔基。"

"《二泉映月》作者阿炳。"

"法国19世纪积极浪漫主义作家亚历山大·仲马。"

"时装大师薇薇恩·韦斯特伍德。"

第一届学生庆祝作者60岁生日（2005年）

"美国总统林肯。"

"著名作家、诗人、翻译家苏阿芒。"

……

不知不觉,街灯的亮光都射进来了。学生呼拉出了门。

在自我教育名言中徜徉

教室里琳琅满目地挂着各色各样的纸条，上面写着名人和他的自我教育名言，全班像过节一样，浏览着、议论着。黑板上一段话，格外引人注目：

"上次孙晓提议，我班自编《认识自我，实现自我》一书，口气虽大些，但精神可嘉。后来，大家还是感到能力不及，于是，本届班委会决定'退'一步，接受蒋老师的建议，每个同学找两位名人的两段或一段自我教育名言，办一个'自我教育名人名言'展览，经过各位努力，她展现在了大家面前。其次，大家可能听到了，有的班级对我班值周制有议论，为找理论给自己壮胆，才有此展览。读史使人明智，培根的话，犹言在耳。我们建议下届班委会，把同学们收集的名人名言打印出来，装订成册，成为全班的精神食粮。"——创新班委会

下届名叫"求异"的班委会果然编辑成册，人手一册。
自我教育名人名言 100 条：

为仁由己，而由乎人哉。

——孔子

仁远乎哉？我欲仁，斯仁至矣。

——孔子

吾日三省吾身，为人谋而不忠乎？与朋友交而不信乎？传不习乎？

——曾子

求则得之，舍则失之，是求有益于得也，求在我者也。

——孟子

仁义礼智，非由外铄我也，我固有之也，弗思耳矣。

——孟子

知人者智，自知者明。胜人者有力，自胜者强。知足者富。强行者有志。

——老子

恃人不如自恃也，人之为己者不如己之为人也。

——韩非子

是以志之难也，不在胜人，在自胜也。故曰：自胜之谓强。
故知之难，不在见人，在自见。故曰：自见之谓明。

——韩非子

随人做计终后人，自成一家始逼真。

——黄庭坚

破山中贼易，破心中贼难。

——王阳明

治人者必先自治，责人者必先自责，成人者必须自成。

——钱琦

能自立者必有骨也。

——李贽

轻财足以聚人，律己足以服人。

——高攀龙

不屈己，不干人。

——李白

自立立人，自达达人。

——曾国藩

必须先改造自己，再改造社会，改造世界。

——鲁迅

滴自己的汗，吃自己的饭，自己的事情自己干。靠人靠天靠祖上，不算是好汉。

——陶行知

智育注重自学，体育注重自强，德育注重自治。

——陶行知

自己摸索得来比向别人学更重要。

——叶圣陶

自己看书，自己思索。不能让自己的脖子上长别人的脑袋。

——毛泽东

人类之目的在于实现自我而已。实现自我者，即充分发挥自己身体及精神之能力至于最高之谓。

——毛泽东

自学、自理、自护、自强、自律，做社会主义事业的合格建设者和接班人。

——江泽民

要坚持教育与自我教育相结合，既充分发挥学校教育引导作用，又充分调动大学生的积极性、主动性。

——胡锦涛

儿童需要管教和指导，这是真的，但是如果他们无时不刻和处处事事都在管教和指导之下，是不大可能学会自制和自我指导的。

——林格伦

认识自己就是认识真理，认识自己就是通往完美无缺的神的道路。

——苏格拉底

每天告诉自己一次："我真的很不错"。

——柏拉图

深窥自己的心，而后发觉一切的奇迹在你自己。

——培根

人，实则一切有理性者，所以存在，是由于自身是个目的，并不是只供这个或那个意志利用的工具。

——康德

为人在世，可贵者在于发展个人天赋的内在力量，使其经过锻炼，使人能尽其才，能在社会上达到他应有的地位。这就是教育的最终目的。

——裴斯泰洛齐

我要扼住命运的咽喉，它妄想使我屈服，这绝对办不到。——生活这样美好，活它一辈子吧！

——贝多芬

从根本上说，只有我们独立自主的思索，才真正具有真理和生命。因为，惟有它们才是我们反复领悟的东西。他人的思想就像别人馐桌上的残羹，就像陌生客人挪下的衣衫。

——叔本华

每个人的自由发展是一切人的自由发展的条件。

——马克思

自尊自爱，作为一种力求完善的动力，是一切伟大事业的渊源。

——屠格涅夫

人类是完全从自我教育中取得进步的。

——斯宾塞

一个人越是仰仗外缘的刺激，便越不能自强自立，究其极可以成为一个东风东倒、西风西倒的人。

——赫胥黎

胜利属于自强不息的人。

——蒙田

命运对于我们并无所谓利害，它只供给我们利害的原料和种子，任那比它强的灵魂随意变转和应用，因为灵魂才是自己的幸与不幸的唯一主宰。

——蒙田

人人都是自己命运的创造者。

——塞万提斯

自我热爱像是一种使人类永久存在的手段，它珍贵而又必不可少。我们因它而愉悦，同时却又不得不把它隐藏起来。

——伏尔泰

一个人失败的最大原因，就是对自己的能力永远不敢充分信任，甚至认为自己必将失败无疑。

——富兰克林

对于自己现在的力量感到满足的人，就是强者。

——卢梭

独创是天才的基本特征。

——康德

我们虽可以靠父母和亲戚的庇护而成长，倚赖兄弟和好友，借郊游的扶助，因爱人而得到幸福，但是无论怎样，归根结底人类还是依赖自己。

——歌德

只要你能够自信，别人也会信你。

——歌德

一个人应养成信赖自己的习惯，即使在最危急的时候，也要相信自己的勇敢与毅力。

——拿破仑

我心中有一个常设的反对党，它攻击我做出的每一项行动或决定，即使在我深思熟虑之后，它依然不放弃一贯的正确姿态。我想，它只是精神审查的一种矫正形式，但它却常常给我造成不恰当的损失。

——叔本华

对于那些有信心而不介意暂时失败的人，没有所谓失败。

——雨果

意识到自己的存在就是最大的幸福。

——本杰明·迪斯累里

人类是一种爱探究原因的生物，在灵魂的领域，他或许会被称为"原因探索者"。其他灵魂或怀有和我们完全不同的想法，而且是我们所不能理解的。

——利希腾伯格

难以磨灭的特性是自学者的标记。

——伊萨克·迪斯雷利

在这个世界上，我希望彻底了解的人只有一个，那就是我自己。

——王尔德

热爱自己是终生浪漫的开始。

——王尔德

我现在发现，我的心理学体系有一个重大的疏漏——人类天性中最根深蒂固的本性就是渴望被人赏识。

——威廉·詹姆斯

有信心的人，可以化渺小为伟大，化平庸为奇迹。

——萧伯纳

我希望你照自己的意思去理解自己，不要小看自己，被别人的意见引入歧途。　　　　　　　　　——泰戈尔

倘若你想征服世界，你就得征服自己。

——陀思妥耶夫斯基

世界上最坚强的人就是独立的人。

——易卜生

我愿意自主地照自己的意思生活；凡是我需要的，我欣然接受，我不需要的，我就决不希求。

——车尔尼雪夫斯基

学习的本质在于自我思考、自我探求、自我创造或研究等所体验的自启自发活动。

——小原国芳

真正的理想决不是某种居于个人之上的神秘力量，它是无条件肯定自我的一种有力表现。凡是违反了肯定自我这一原则的任何理想，都被证明并不是一种理想，而只是一种病态的目标。

——弗洛姆

从我养成这个自制的忍耐习惯以后，真不知获得多大的利益哩。

——林肯

路要靠自己去走，才能越走越宽。

——居里夫人

对于一个深知自己价值的人，生活是支配不了他的。

——高尔基

只有我自己才是我的生命和我的灵魂的唯一合法的主人。

——高尔基

没有一种来自于书本、老师或其他外部影响的观念会永远帮助你进入创造的领域。只有当人们走自己的路，只有当人们尽其所能地排除理智的支配，体验才变成创造。

——奥班恩

每个人都有一个与众相同的自我和一个与众不同的自我，只是所占比例不同。

——DH·劳伦斯

为了成功地生活，少年人必须学习自立，铲除埋伏各处的障碍，在家庭要教养他，使他具有为人所认可的独立人格。

——戴尔·卡耐基

我们都是世界的新人。我们应该充分发挥自己的特长，好生利用自然赋予我们的一切。如果你不能做一棵青松屹立山巅，就去做峡谷中的一墩灌木，但要做最好的小丛摇曳在溪边。事情巨细都有，但大小并不是决定成败的原因。要想成功，就要走自己的路，记住：你就是你！

——多丽丝·卡耐基

我奉献爱，我捧出自身，我融入他人，由此我找到了自己，发现自己，发现我与你，发现了人。

——弗罗姆

一个独具慧眼的人认为，最壮丽的场景莫过于智慧与那要超越他的现实之间的搏斗。人维护自尊的场面是惊心动魄的。任何诋毁对之都无济于事。这种精神为自定的纪律，这种彻头彻尾的人造出来的意志，这种对立，都具有某种强力和特殊性。若贬低这个人用以确定真价值的事实，就是贬低人本身。

——加缪

没有自我教育，没有用于认识自我教育的紧张脑力劳动和意志努力，教育和教学便不可能实现。

——苏霍姆林斯基

每一种个性的财富——这是集体的有价值的、内容丰富的生活的基础。

——苏霍姆林斯基

人愈是深刻地认识人和人类，他就愈在更大程度上成为自身的教育者。

——苏霍姆林斯基

我是造物主最大的奇迹。我不是偶然来到尘世的。我来到这里是为了一个目的，就是想成为一座高山，而非缩成一颗沙粒。从今以后，我要竭尽一切力量去成为一座高的山，将我的潜力发挥到最大的限度。

——曼狄诺

在当今世界上，最可怕的绝不是地震、雷雨、失火、父亲，而是自己。人人都有惰性，人人都想舒服一点，可是你如果和所有的人睡一样的时间，和所有的人花同样的力气，你就没办法战胜所有的人。只有不断地与自己惰性作斗争，能够战胜自己，才是一个真正的人，也才有生存的最大意义。

——大松博文

你是不是经常用许多固定的词语来描述自己？例如："我胆子太小""我挺害羞""我很懒""我没有音乐细胞""我总是笨手笨脚""我记性不好"等等。使用标签描述自己，很容易成为不求进取的借口。自我标签来源于你过去的经历。如果你能尝试进行针对性的崭新活动，你便可以消除这些标签。任何阻碍发展的自我描述词语都是应该祛除的恶魔。你应该摆脱旧的自我，通过学习使自己永远立于不败之地。

——戴埃

人们常说这人或那人还没有找到自我。但自我不会被谁找到，它应该被创造。

——托马斯·萨斯

自我热爱是一个忙碌的鼓动者。

——约翰逊

一个人生活上的快乐，应该来自尽可能减少对外来事物的依赖。

——艾皮科蒂塔

天才不会毁于别人，只会毁于自己。

——博斯威尔

能自制的人，就是最强有力的人。

——赛尼卡

没有自己自主性的态度和意志，只靠别人的力量或金钱买来的，都只是力量薄弱的东西。

——松下幸之助

我就是我自身的主宰。

——普拉图斯

能统帅自己的人是最强大的人。

——塞内加

世界上最强有力的人，是最有独立精神的人。

——班生

记住一句有力量的话："你觉得你能你就能。"

——乔·吉拉

一个真正的天才，绝不遵循常人的思想途径。

——司汤达

在宇宙的中心，回响着那个坚定神秘的音符："我"。

——彼得·波特

如果鸟儿用它自己的翅膀飞翔，它决不会因为飞得太高而跌下来。

——布莱克

探索自然时，我品尝到了自我，不过是在一个大杯里，杯里盛着我自己的生命。

——霍普金斯

未来的学校必须把教育的对象变成自己教育自己的主体。受教育的人必须成为教育他自己的人；别人的教育必须成为这个人自己的教育。这种个人同他自己的关系的根本转变，是今后几十年科学与技术革命中教育所面临的最困难的一个问题。

——联合国教科文组织国际教育发展委员会

学生执意请我作序，我感慨万千，写了下面肺腑之言：

我为你们自狂捧读《自我教育名人名言》而热血直往向上涌，我真想对着你们喊："我为你们自豪，不，我为你们疯狂！"

蒋老师之所以如此看重自我教育，完全是世界优秀教育思想哺育的结果：

2300多年前，孟子就深刻地指出——

"君子深造之以道，欲其自得之也。自得之，则居之安；居之安，则资之深；资之深，则取之左右逢其原。故君子往其自得之也。"

这句话的意思是，君子遵循一定的方法来加深造诣，是希望自己有所收获。自己有所收获，就能够掌握牢固；掌握得牢固，就能够积累深厚；积累得深厚，用起来就能够左右逢源。所以，君子总是希望自己有所收获。

这种方法叫"自求自得"。我认为，这就是自我教育。因此，孟子是"自我教育之父"。

我国第一部教学论《学记》中有段话是这样的：

虽有佳肴，弗食不知其旨也；虽有至道，弗学不知其善也。是故学然后知不足，教然后知困。知不足然后能自反也；知困然后能自强也。故曰：教学相长也。《兑命》曰：学学半。其此之谓乎！

这段话的译文为：虽然有鱼肉等美好食物，不吃就不知道它的美味。虽然有极好的道理，不学就不明白它的美妙。因此，学习过以后才知道自己的学业不够，教过人以后才知道自己的学识还有未通达的地方。知道自己的学业不够，这以后就能自我反省而更多地去学习；知道自己的学识还有未通达的地方，这以后就能自强不息地求进步。所以说，教和学是相互促进增长的。《兑命》中说："教人学习，能收到相当于自己学习的一半效果。"大概也就是说的这个意思吧。

这段话前句话讲了实践论的道理，实践出真知；第二、三句以学、教为例说明自我教育的过程，学习、教学后感到"不足"和"困"，这是提出问题；关键在"自反"和"自强"这两个词一提出，自我教育的特征便彰显无遗了。第四句是结论：自我教育使人成长。第五六句引用论证结论。据郭沫若考证，《学记》作者是乐正克，中国"自我教育之亚父"便非他莫属了。

乐正克（约公元前300—前200年），姓乐正，名克，战国时鲁国人，思孟学派的重要人物，孟子的学生。据《礼记·王制》载："乐正崇四术，立四教。"他是以职业为姓，他的祖先是学官。乐正克是深得孟子信任的高材生。战国时代儒学分为八派，其中一派就是"乐正氏之儒"。由此可知，乐正克在战国时代是一位很有影响的人物。

乐正克的伟大贡献是他的著名的教学理论专著——《学记》。据郭沫若考证，这部思孟学派的著作正是乐正克所作。他从总结当时的教学经验出发，全面系统地阐述了教育教学方面的一系列问题，既对当时教学中存在的缺点提出中肯的批评，又提出了许多合理性的意见，是世界上最早集中系统地论述教育学的专著。

出身为小学老师的教育家叶圣陶憧憬这样的教育境界：

教师教任何功课（不限于语文），"讲"都是为了达到用不着"讲"，换个说法，"教"都是为了达到用不着"教"。怎么叫用不着"讲"用不着"教"？学生入了门，上了路了，他们能在繁复的事物之间自己探索，独立实践，解决问题了，岂不是就用不着给"讲"给"教"了？这是多么好的境界啊！

弗兰西斯·培根是英国哲学家和科学家。他竭力倡导"读史使人明智，读诗使人聪慧，演算使人精密，哲理使人深刻，论理学使人有修养，逻辑修辞使人善辩。"他推崇科学、发展科学的进步思想和崇尚知识的进步口号，一直推动着社会的进步。这位一生追求真理的思想家，被马克思称为"英国唯物主义和整个现代实验科学的真正始祖"。他指出：

既然习惯是人生的主宰，人们就应当努力求得好的习惯。习惯如果是在幼年就起始的，那就是最完美的习惯，这是一定的，这个我们叫做教育。教育其实是一种从早年就起始的习惯。

赫伯特·斯宾塞是英国社会学家。他为人所共知的就是"社会达尔文主义之父"，所提出一套的学说把进化理论"适者生存"应用在社会学上。他尖锐地指出：

长期以来的教育误区，就是把教育仅仅看做是在严肃教室中进行的苦行僧的生活，而忽视了对孩子来说更有意义的自然教育和自助教育。

弗里德里希·威廉·尼采是德国著名哲学家。西方现代哲学的开创者，同时也是卓越的诗人和散文家。他对如何当学生的见解却与众不同：

人永远做一个学生，这对于他的老师不是好的报答。你们为何不扯碎我的花冠呢？你们崇拜我，一旦你们的崇拜对象倒塌了呢？当心，不要被一尊石像压碎了你们……你们还没有找到你们自己，就已经找到我了。一切信徒都如此，所以，现在我教你们丢开我，去发现你们的自我。

约翰·杜威是美国著名哲学家、教育家，实用主义哲学的创始人之一，功能心理学的先驱，美国进步主义教育运动的代表。他告诫教育工作者：

如果他不能筹划他自己解决问题的方法，自己寻找出路，他就学不到什么；即使他能背出一些正确答案，百分之百正确，他还是学不到什么。

丽玛亚·蒙台梭利是意大利幼儿教育学家，蒙台梭利教育法的创始人。她的教育法建立在对儿童的创造性潜力、儿童的学习动机及作为一个个人的权利的信念的基础之上。她认为：

教育所要求的只有一项：通过孩子的内在力量来达到自我的学习。
教育就是激发生命，充实生命，协助孩子们用自己的力量生存下去，并帮助他们发展这种精神。

苏霍姆林斯基是前苏联著名教育实践家和教育理论家。他从17岁即开始投身教育工作，直到逝世，在国内外享有盛誉。他论说了真正的教育：

唤起人实行自我教育的教育，按照我的深刻信念，乃是一种真正的教育。教给人实行自我教育，要比星期日消遣活动困难得多。

分析上面的语录，我们不难看出什么是真正的教育：

第一是要"教""教育""唤起人"，即对受教育者来说的他我教育；第二是要"自己探索""自助教育""发现你们的自我""自己寻找出路""自我的学习"，即自我教育。他我教育与自我教育和谐地统一才是真正的教育。

因此我的教育理想便诞生：用智慧的他我教育唤起学生的自我教育；让每个学生从我这里拥有自我教育的智慧。

让我们共同谱写自我教育之歌吧！

"自我教育"是个体有意识影响自己身心发展的行为

——"自我教育思想恳谈会"实录

东湖客舍会议厅人声鼎沸，红底黄字写着"自我教育思想恳谈会"。主持人谭昭红（1981届初中）面带笑容，宣布道："自我教育思想恳谈会开始。"在《生日歌》中，我和老伴在学生簇拥下，来到主宾席。主持人又说："今天是四喜临门，一是蒋老师六十大寿；二是蒋老师从教四十周年；三是蒋老师带过的九届学生代表首次济济一堂；四是祝寿方式，经老师提议，开个恳谈会，主题是蒋自立老师研究一辈子的自我教育。下面请我们尊敬的蒋老师讲话。"

我无限感慨地说："我一生都在享学生的福：'文革'受难时，是第一、第二届学生接二连三地暗中送书传话鼓励我，重上讲台；是第三、第四届学生和我一起学农、学工，夸我是'天生当老师的料'；第五、第六届学生和我一起，开过一次次难忘的班会，让我走上颁奖台，成为'市模范班主任'；后三届学生和我一道体验实验语文教材、值周班长制，见证我的自我教育思想发展的过程。所以没有你们，便没有我的讲台、我写的九本书、我的那点自己的思想。这儿向你们鞠躬了！恳谈会，是诚恳地请你们来议论我的那点自我教育思想的；还是那句话，不怕七嘴八舌，就怕一声不响。"

伍小燕（1975届高中）："请大家看屏幕，我查了各种辞书——

《中国大百科全书·教育》这样定义：自我教育广义指受教育者以一定的世界观和方法论，认识主观世界和教育自己的全部过程，又称自我修养。狭义即自我批评。德育的一种方法。

《中国教育百科全书》在《德育学》中对自我教育所下定义为：亦称思想品德修养，德育方法之一。接受教育者为形成良好思想品德而自觉进行的学习和锻炼。古今中外不少教育家都很重视对学生进行自己我教育能力的培养与要求。在中国，很早就强调"内省""躬行"的道德修养方式。

《教育词典》对自我教育的解释如下：指德育过程中受教育者为了形成良好的思想品德而进行的自觉的思想转化和行为控制活动，发展自己的道德活动能力，培养自己良好的道德意识，使良好的品质日臻完善，使不良的品质得到克服。自我教育的形式和方法有自我说服、自我批评、自我强制、自我监督、自我反省、自我限制等。自我教育是在教育的影响下产生和发展起来的。受教育者一旦形成了与教育者要求一致的思想品德，这种思想品德作为个体的道德修养，就会成为一种能动的自我教育力量，积极地同教育者相配合，成为德育过程中不可缺少的教育力量。

综上所述，将自我教育纳入德育的范畴最能突出教育之教育性的本质，因而能得到最广泛的认同。毕竟，教育的首要目的还在于培养能遵守社会规范，具有一定道德伦理精神的人。教育的对象能够自觉按照一定社会规范和准则约束、指导自己的思想言行，当然更容易被社会所接受。也正是因此，自我教育的涵义多限于思想政治道德修养方面，使人们对自我教育的涵义难能彻底突破。"

主持人："蒋老师就有所突破，他认为，自我教育除具有主体客体同一性的特征外，还有，一是时空的无限性，即人无时无处都有自我教育；二是领域的广泛性，即自我教育活跃在人类的各个领域；三是个体的终生性，即人的一生是自我教育的一生；四是个体的意义性，即自我教育点亮人生。这四点是蒋老师独有的、书刊上找不到的观点。"

李向东（1981届初中）："我认为自我教育的确具有领域的广泛性。我是搞企业的，办第一个药厂时，理想成分多些，技术含量少些；现在成为集团，发展的过程就是企业自我教育的过程。"

罗运修（1975届高中）："众所周知，'文革'中我服了刑，在服刑中，我总想自由，总想减刑早点出来。怎样实现呢？我管住自己的冲动，冲动是魔鬼（众笑）！'文革'中一时冲动，害了别人，也害了自己。世上没后悔药。管住了自己，才有今天和大家会面的自由。"

江伟平（1973届初中）："我生不逢时，没读什么书，在爷爷的影响下，自学当了中医师，至今评不上主任医师；但我敢与教授叫板，一个感冒来了，我两服药就能见效；你教授打点滴，动辄就上几百的药费，而我的药钱不到20元。为什么？我认识这种病的发病原因，辨症辨人施治，这也许是自我教育在中医药的运用吧。"

主持人笑着说道："江医生在五医院中医科，看病可要先预约啊！"

李宏九（1984届初中）："我在部队工作。我们部队根本宗旨是保卫国家的安全。怎样保卫呢？现在已经从单纯的勇敢中走出来了，打赢要靠信息技术。这个认识发展过程，是军事上的自我教育。"

主持人："孔子有句话，老师过去经常对我们讲。孔子说，'吾十有五而志于学，三十而立，四十而不惑，五十而知天命，六十而耳顺，七十而从心所欲，不逾矩。'我认为，这句话就是讲自我教育的终生性，人的一生是自我教育的一生。我疑惑的是，为什么2000多年来，中华民族把自我教育囿于道德范畴呢？"（手机响）"喂，哦，金旭根，好。各位，1981届的金毛毛，嚯，是小名，现在部队文工团作曲，他为蒋老师谱了

一首歌，现在放给大家听听。"（厅里响起歌颂教师的旋律）

何安娜（武汉 14 中学教师）："在蒋老师的影响下，我也研究自我教育。为什么中华文化把自我教育囿于道德范畴呢？这就要谈到人文精神了，要审视'我''自我'"这些词。请看屏幕——

《庄子·齐物论》中记载这样一个故事：有一次，庄周做梦，梦见了蝴蝶，但醒来时，自己却犯了迷糊……'不知周之梦为蝴蝶欤，蝴蝶之梦为周欤？'

唐代大诗人李白将这个美丽的故事写进了自己的诗里：'庄周梦蝴蝶，蝴蝶为庄周，一体更变易，万事良悠悠。'

中国思想家庄周在 2000 多年前便提出了至今让人们迷惑的问题——'我是谁？谁是我？'这个千古难题，不光哲学家、心理学家、科学家感兴趣，教育学家也同样对它兴趣盎然。

孔子作了响亮的回答：'仁远乎哉？我欲仁斯仁至矣。'

'仁'代表客观事物，'我'要它，它便来了！这是何等人的豪迈，我乃万事万物的主宰！

诸子百家时期，肯定人、我、自我的话比比皆是，像'天地之性人为贵'，像'道大、天大、地大、人亦大，域中有四大，而人居其一焉'等。

所以我认为春秋战国时期是我国人文主义的高峰。只有在人文氛围中，自我教育才会诞生。蒋老师认为，孟子是自我教育之父，是有文字根据的，他的'自求自得'便是。

秦统一六国后怎样呢？特别是汉代董仲舒推崇'罢黜百家，独尊儒术'后，儒学参假变化而沦为统治集团的思想工具，中国进入'非我'的历史阶段。凡统治者都好高于大一统，幻想长治久安而万万岁。所以他们至高至命的是自己的统治地位，是本皇族本朝的利益，并把它美化为国家利益而要求人们'虽死也在所不惜'。于是'我'被大一统所湮灭了。此时的人不是个性的人，而是依附在皇朝上的意义上的人；人的价值是外在的，依附皇族便有价值，否则连皇族走狗的狗都不如。（有人叫'深刻'）在专制统治下，向往自我发展等愿望只能藏在自我意识里，或者像陶渊明那样隐在桃花源中。

我国第二次人文主义浪潮应在唐代（618年—907年）。李白'天生我材必有用'便是例证。这时佛教大大超过儒学，唐朝有名的和尚义玄写的书《临济语录》中，使用'人'字的次数196次，比'道'字155次、'佛'字128次都多，可见人的问题引起广泛的重视。

第三次浪潮应是明代。代表人物是王阳明、李挚等。李挚那句至今发人深省的话'夫天生一人，自有一人之用，不待取给于孔子而后足也。若必待取足于孔子，则千古以前无孔子，终不得为人乎？'意思是，每一个人，都有自己的用武之处，并不是学来了孔子的教诲后才本事。（如果每个人要有本领）都必须从孔子那里学习，那么在很古老时代并没有孔子，古老时代的人难道不是人吗？请看，个体的价值观多么鲜明！

蒋老师认为，中国的教育史带有浓重的政治色彩，一部教育学，便是一部政治教育学，一部'非我'的教育学。因为正统的儒学在本质上是一种维护统治集团的道德文化，它的价值取向是当时社会的长治久安，而不是每一个人的自由发展。这种文化必然从整体的需要出发，否定个性和个性差异，要求人自我修养到'自觉'地把自己'消失'在整体之中，或用整体来湮灭个体、个性。南宋集理学之大成者朱熹提出'存天理，灭人欲'的教育目的，'非我'达到顶峰。这便是统治者青睐自我教育囿入道德范畴的缘由。

五四时期应为第四次高潮，主要口号是'民主'和'科学'。在西方文化的影响下，一代人的自我意识爆发了。我特别要提胡适的个人主义。胡适认为'真的个人主义就是个性主义，他的特性有两种：一是独立思想，不肯把别人的耳朵当耳朵，不肯把别人的眼睛当眼睛，不肯把别人的脑力当自己的脑力。二是个人对于自己思想信仰的结果要负完全责任，不怕权威，不怕监禁杀身，只认得真理，不认得个人的利害'。在胡适看来，中国被传统政治文化统治了2000多年，个人被彻底扼杀，造成了中国的僵死和落后。而'一个新社会、新国家，总是一些爱自由爱真理的人造成的，绝不是一班奴才造成的'。所以，中国的出路在倡导个人主义，充分发挥每个人的聪明才智，把自己铸造成器，造成自由独立的人格，爱自由爱真理的人，在思想信仰上独立思想，独立评判，不迷信权威，不崇拜教条，不固执成见，用'存疑'的眼光'重估一切价值'，同时要敢于负责任。胡适的个人主义突出个人的独立自主和敢于怀疑，实质是否认中国传统文化对人的压抑，高扬人的尊严。个人的至高无上的内在价值和尊严是个人主义的核心。可惜这思想尚未被普及，便被民族矛盾的激化而掩盖了。

中共十六大时，'以人为本'这个在文艺复兴时的关键词出现在党的文件中，应是第五次人文主义浪潮的标志。

'自我'的含义在当代教育有了超越性的发展。东西方对自我的理解也越来越趋于统一，都把自我看成积极主动的个性，使自我发展到'主体自我'的水平。自我不仅构成了世人眼中世界的基石，而且成为人们与外部联系的纽带和全部人生态度的核心。这就是我们常说的'以人为本'。

在蒋老师的博客中，提到'民主政治，科学发展，自我教育'十二字方略，是在指点江山还是极力重视'自我教育'？

蒋自立："当前是'科学发展'气势如虹，'民主政治'讳莫如深，'自我教育'小荷才露尖尖角。之所以把'自我教育'与'科学发展'、'民主政治'相提并论，是因为'自我教育'是二者的基石，没有'自我教育'素质和能力的公民，便没有'科学发展'和'民主政治'的基础。其次，放眼全球，由于大众媒体的发展，地球变小、国际变近了，成为地球村了，思想多元化了。信息时代为自我教育奠定了基础。当代青少年自我意识的觉醒在呼唤自我教育。第三，中国的计划生育政策使自我教育加速了。我多次在武汉街头看到这样的情景，父母或祖父母带着小孩上街，每逢买什么，都要低头问，征询小孩的意见。物以稀为贵，孩子一个自然金贵，在这样的氛围中，小孩独立自主意识见长，岂不呼唤自我教育的加速么？所以 21 世纪是自我教育世纪，自我教育是 21 世纪教育的主题。"

张明（1989 届高中）："蒋老师 1986 年就带领我们实行值周班长制，当时，我们觉得民主这么快就来了（众笑），一点心理准备都没有。推行一年后，我们就逐步学会了这种民主的生活方式。感受最深的是师生平等，特别是蒋老师身上那种平等精神，那叫人佩服得五体投地。到现在我还明白蒋老师为什么能这样平等待人，而其他老师却不能；工作后，那些领导就更不能了，真叫人烦透了。蒋老师，能讲讲吗？"

在一片掌声中，我说道："同学们知道，我有六个兄弟，不能说都有才，但都想向上，可'文革'中，父亲是'叛徒'，我们都受牵连，提心吊胆过日子，还能发挥积极性吗？更可怕的是草菅人命，我大嫂纳鞋底，顺手把针线插在墙上纸画上，哪知不小心插在毛爷爷的像上，乡里的贫宣队见了，无限上纲，说是我嫂嫂想刺杀伟大领袖，天天批斗，活活折磨至死！所以阶级斗争不能解放人、解放生产力。一个班级就是一个小小社会，过去我带班，想到的是管住你们，出一件事就订一条规矩；二是罚，五花八门，什么站墙角、什么罚抄作业、什么晚放学；三是让小干部记名字、打小报告。这些专制味浓重，你们当然不齿，所以有的同学毕业后路上见了我，拐个弯躲着我。后来我读世界思想史，法国的卢梭进入视线。卢梭 1712 年出生不久母亲就去世；父亲养他到 10 岁的时候，因为得罪贵族吃了官司不得不外逃。卢梭成了孤儿，11 岁辍学做学徒，16 岁遇到贵人，帮助他学习文化和艺术，帮助他成为世界上影响最大的思想家。卢梭影响最为巨大的学说，是天赋人权和平等说。他认为，人生来就是平等的，这是造化，即自然界的创造者赋予我们的基本权利。我们应该尊重并享用它，维护社会的平等、公平和正义，而不应该有人奴役人、人压迫人、人统治人的现象。要看书就看卢梭的《论人类不平等的起源和基础》。建设平等社会的依据是什么呢？是天赋人权说。每个人在他出生时都是秉承着天赋权利的。既然是天赋的，就高于社会，高于政治集团。你们看，西方的天才就和中国的圣人截然不同之处。中国古代圣人认为人的一切权利和荣光都来自皇上，所谓皇恩浩荡。皇上嘉封是一个人最大的幸福和骄傲。皇上的权利来自哪里？来自天上。只有皇上一个人的权利是天赋的，他是天子，他的权利是早于社会、超于社会的，所以他有理由统治万民。这种社会政治学说是为皇权和等级制服务的，即天赋不平等说，这在人权的起源上规定了社会的不平等，使世界上最残酷的不平等制度合理化合法化。

西方天才说天赋人权，中国圣人道天赋皇权。啊，天壤之别呀，难怪我可怜百姓水深火热。每当目睹此情景我都热泪盈眶。哦，我们不是要建立高度民主的社会吗？这可是写在《宪法》的啊，总不能口惠而实不至吧。所以，为你们能过上民主的政治生活方式，我们推行值周班长制。

伍小燕："讲民主，对于掌权者来说，要心甘情愿地放弃权力。班主任讲民主，主动弃权，让学生自主管理，这是值周班长制的精髓。蒋老师您为什么要这样？"

蒋自立："中国历史上首位皇帝是谁？"

"秦始皇。"众答。

"为何叫始皇？"

"从他开始当皇帝，以后子子孙孙都做皇帝。"

"从他开始，几千年来，中国人一旦抓住权力即死也不放手的传统恶习便开始了。大家回顾一下，哪朝哪代不是被推翻的？"我说着。

"有呀,孙中山就是主动让权。1912年中华民国南京临时政府成立不到三个月,袁世凯逼清帝退位、宣誓效忠共和;孙中山实现诺言,平静地辞去临时大总统一职,就是一个特例。"曾当过历史课代表的孙伟说。

"真不错!谢谢你的更正。孙中山不图权位的高风亮节,就像一束奇异的光投射在几千年阴暗的政治史上。这是一个全新的起点,它标志人类政治文明的光芒开始照到中国这块古老的土地上。这使我想到大西洋彼岸的美国,想到美国国父华盛顿。有谁能说点他的事迹吗?"我问。

王文义:"我在华师工作,旁听到一些。1776年7月4日,由北美新大陆13个殖民地代表组成的大陆会议,通过了《独立宣言》,并授权华盛顿建军,他当时44岁。华盛顿受命后,历经千辛万苦,从无到有,创建了一支军队,8年苦战,终于在1783年使这块新大陆赢得了自由。此时,战功赫赫的华盛顿无疑是举国上下最有威望的人,但他谢绝了黄袍加身的提议,功成身退,平静地回到自己的庄园。1796年9月17日,华盛顿在当了8年总统以后,坚决拒绝第三次连任,在国会发表了激动人心的告别演说后,再次回到了自己的田园。在一个到处还是国王、君主、世袭制的世界,华盛顿毅然放弃权力,开创了总统连任不超过两届的限位惯例,从而为美国奠定了坚实的民主基础。"

蒋自立:"大家有机会去读读美国史、华盛顿传,每当我读到华盛顿这两次告别演讲时,禁不住眼睛潮湿,血往上涌。我认为,人本善,我相信人类的心灵是相通的。在许多有权人死死抓住权力不放的世界,我为有华盛顿这样的世界之子感到温暖;我认为,华盛顿代表人类主流文明,超越了民族、国界、宗教和语言的局限,不仅属于美国,也属于整个人类。人哪能迷权力,要迷思想、造福于人类的思想呀。"

主持人:"各位,老师的话慢慢品味。1984届的彭勇红从加拿大打来电话了,大家听。"

彭勇红:"蒋老师好,校友好。我支持老师的自我教育主张,讲点体验吧。我女儿小丽5岁开始学游泳，班上一共有8个孩子，都是五六岁的年纪，其中有6个是女孩，游完泳她们会一起去更衣室的澡堂冲澡。我和另一个中国妈妈都陪着女儿进去帮着扭水龙头调水温，为女儿洗头。因为大人都穿着衣服，一不小心就被淋了一身水，每次我们两个人都是湿淋淋地走出来。而那4个老外妈妈却都聚在外面聊天，根本不管孩子在里面洗得如何。旁边的一个女孩扭不动水龙头请我帮忙，还有一个水温调不热也让我帮着调。

一开始我寻思这些老外妈妈怎么就知道自己聊天，都不管孩子。后来我意识到，人家并不是不关心孩子，这是训练孩子的自理能力呢！遇到问题大人不在场，自己要想办法解决，在解决不了问题时知道如何寻求帮助，也是一种能力啊！向师娘问好。"

主持人："请师娘讲话。"

张金玉："谢谢各位。蒋自立这个人一生以书为伴，读书、教书、写书。60岁退休该歇了吧。可他说，人生第二个春天来了——人小时候交给了父母，读书时交给了老师，工作了交给了领导，退休了人的黄金时代到了，才交给自己，自由了！他说，他要集中精力，写出自我教育的书来。谢谢各位的鼎力相助。"

陈礼琳（武汉45中教师）："我父亲陈义经书法小有名气，写了条幅，嘱我送给蒋老师。另外一幅是残疾人书法家和志刚手书的。"

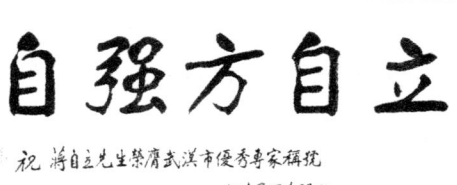

陈义经赠蒋自立条幅

和志刚赠蒋自立条幅

主持人："下面请蒋老师概括他的自我教育思想。"

蒋自立："首先，我给'自我教育'的定义是'自我教育是个体有意识影响自己身心发展的行为。'注意，'个体'指每个人，不像原概念中只指'受教育者'；教育者和受教育者都要自我教育，这难道不是一个客观事实吗？

第二，'有意识'是指人的自我意识，在婴儿阶段，是遗传的求生意识；在少年儿童阶段，是朦胧的自我意识；在青壮阶段是强烈的自我意识，在老年阶段是成熟的自我意识。我所不同的观点是人生来就有自我意识。在这种意识支配下，个体这个教育主体，把自我作为教育对象，使之产生变化的过程，便是自我教育。

第三，自我教育大体过程是自我认识——自我导向——自我调节。

第四，自我实现是自我教育的内部动力。

第五，为凸现自我教育的地位，要提出他我教育概念，与之对应，共同组成'教育'这个大概念。即真正的教育乃是他我教育与自我教育的和谐统一。我反对走极端，倡导自我教育意味着他我教育更待艺术。

第六，他我教育与自我教育如同太阳与地球，自我教育之地球既要围绕太阳公转也要自转，二者互生互成。

第七，他我教育的目的是促成人的自我教育，当前自我教育是教育的主题和难题。

第八,《认识自我,实现自我》应为教育的重要课程。

第九,中国教育学应重新构建,上篇为他我教育学,下篇是自我教育学。

上述九点便是我的自我教育思想要点。真诚感谢各位。"

主持人:"恳谈会到此休会,欢迎下次再见!"

作者在全国初中教育校长论坛上作报告(2006年)

The second album
第二辑

播撒自我教育的种子——管理篇

　　播撒种子的人,总盼望种子破土发芽,茁壮成长,硕果累累;但却也忘了种子有发芽破土的基因,有自我成长的力量,有结果传代欲望——可自我教育播种者却时时牢记。

Jiang Zi Li
Yu

自我教育

学生值周班长制

缘　起

重视教育调查，才能发现问题。

近几年，笔者曾应邀到师范院校汇报班主任工作，趁便先后对 488 名师范生进行关于中学班主任评价的问卷调查。由于被调查者已离开中学，所以评价较客观，未受任何心理压力。

表 1　师范生对班主任的评价

类别	%	典型评语
看管式	68	"像管犯人一样看管学生""管得班上死气沉沉"
保姆式	46	"总把学生当三岁小孩，好像一刻也离不开她似的""婆婆妈妈的"
轰炸机式	29	"动辄训人，说话像轰炸机"
关系式	28	"哪个家长对他有利，就利用哪个家长，也偏爱这个学生"
遥控式	11	"听了小报告就训人，偏听偏信"
放羊式	10	"一周难得见一面，什么也不管"
民主式	6	"信任学生，放手让学生做，他当教练"

表1如实地反映出当前中学班级管理的现状。它主要说明：(1) 班级管理理论还带有某些封建教育色彩，如看管式。班主任认为没有他的监督，就没有学生的学习和纪律；而多表扬则会宠坏学生，于是，时时刻刻对学生严加监视，要求无条件地接受一切命令。(2) 班级管理模式老化，没有实质性的改变，如保姆式。班主任以我为班级一切工作的标准，而学生又是"既不会学又不会玩"的小孩，于是，事事处处都要自己安排。(3) 班级管理方式陈旧，如轰炸机式。班主任认定，班主任是靠嘴巴工作的，我天天说，说得你学生心烦，总要听一点吧。于是，把教育的方式归总为一：我说你听，三者归一，实质是，班主任的教育思想，缺乏民主的观念；班级管理，缺乏民主的形式，酿成学生离校后，怨恨班主任，对班主任评价不高。

毕业生都会如此，在校生又会有什么苦恼呢？下面是调查10个班学生的结果。

表2　中学生班级生活苦恼问题的比率

序号	苦恼的问题	%
1	抓得太紧，生活太枯燥	43.7
2	缺乏课外活动	33.8
3	老师偏向，不公正	31.9
4	看不到课外书	28
5	对学生自治支持少，干涉多	26.8
6	收费频繁	24.6
7	不能和老师坦率交谈	18.7
8	老师粗暴，不容分辩	15.6
9	老师向家长告状	12
10	爱好得不到发展	8

分析表2，除片面追求升学率的原因外，学生产生苦恼的另一个重要因素，是班主任缺乏基本的教育理论知识和应有的师德修养。"老师偏向，不公正"(31.9%)，"对学生自治支持少，干涉多"(26.8%)，"老师粗暴，不容分辩"(15.6%)，这三条尖锐地反映班主任在班级管理中，

缺乏民主意识，因而学生苦恼加重。

班级管理的症结找到了，班主任工作便有了崭新的探索。

实　验

1986年秋，笔者新接一个高一（3）班。为了解决上述问题，进行了值日（周）班长制的实验，以推动班级管理的改革。

一、试行值日班长制

1. 值日班长制，是指在班级管理中，全班每个学生轮流当一天班长，全面负责班务。

2. 制定值日班长职责条例。

值日班长职责条例：民主意识，要靠民主的形式来培养；民主管理，要靠民主的制度来保证。

值日班长制，既是民主的形式，又是民主的制度。

（1）值日之时，既是一班之长，负责一切班务。

（2）值日之时，有权召集常设的班委会开会，向他们布置工作。

（3）早读前做到：①提前到校，开门启窗；②写好课表，擦拭讲台；③打扫走廊，保持整洁。

（4）课间做到：①擦净黑板；②检查课前准备。

（5）两操做到：①督促做好眼保健操；②提醒同学迅速下楼,站好队。

（6）中午做到：①保持安静；②拾纸片、粉笔头。

（7）读报做到：①事先做好准备；②自己读报。

（8）放学时做到：①做好清洁；②对齐课桌；③填好学校教室日志。

（9）次日早读做到：①把写好的班长日志交给班主任看；②做好交接工作。

（10）处理偶发事件做到：①及时出面，防止矛盾激化；②做好善后工作；③有必要时向班主任汇报。

3. 评价办法：①制定值日班长考核表；②值日班长自评填表；③班上成立考核小组考核填表；④班主任综合评价存档。

表3 值日班长考核表

项目	标准分	实得分	项目	标准分	实得分
提前到	2		督促课前准备第四次	3	
擦讲台	2		督促课前准备第五次	3	
拖地（含走廊）	2		督促课前准备第六次	3	
写课表（含姓名）	2		督促眼保健操	4	
对齐课桌	2		督促课间操	4	
倒垃圾	2		维持安静	3	
擦净黑板清理讲台	2		拾纸片	2	
第一节课后擦黑板清理讲台	2		拾粉笔头	2	
第二节课后擦黑板清理讲台	2		自读报	4	
第三节课后擦黑板清理讲台	2		读报受欢迎	3	
第四节课后擦黑板清理讲台	2		扫地	3	
第五节课后擦黑板清理讲台	2		拖地	5	
第六节课后擦黑板清理讲台	2		填日志	3	
督促课前准备第一次	3		倒垃圾	3	
督促课前准备第二次	3		奖励分	10	
督促课前准备第三次	3		写日志	10	
姓名			总分		日期
备注					

二、改行值周班长制

值日班长制周而复始实验一学年后，取得一定成绩。高二时，由于分文理科班，学生做了调整。为了让新生历练值日班长制，又进行了一轮。

随着时间的推移，值日班长制的不足之处也被师生发现。学生多次在班长日志中阐述看法（从一个侧面反映值日班长制的好处），概括为二：①每个人只当一天班长，轮流换着，"难以完成一些时间跨度较大的事"（学生张炜）；②由于班长轮流，难于和班委配合，"形成不了一个较稳定的领导核心"（学生李杰）。经全班讨论，一致决定，改行值周班长制。

1. 值周班长制，是指在班级管理中，学生自由结合，组成若干个班委会；每个班委会轮流管理班级事务一周。

2. 制定值周班长制职责条例。

值周班长职责条例：

（1）为进一步推动班级管理的改革，我们实行周班长制。

（2）每届班委会由值周班长负责组成，设班长一人，副班长若干人或班委若干人。

（3）值周时，该班委会，既是班级的权力机构，负责处理一切班务，又是班级的管理员，还是教室的清洁工。

（4）值周时，班委应组织有利于同学德、智、体、音、美、劳和谐发展的有益活动。

（5）值周时，至少办一次黑板报。

（6）每天由一位成员写班长日志，周末由班委会写出工作总结。

（7）周一读报时间为交接仪式：①上届班委会述职；②信任投票；③下届班长宣布工作计划；④交接班长日志和印章等。

3. 评价办法：①制定值周班长考核表；②每届班委会自评填表；③上届班委会（或班三人考核小组）考核填表；④班主任综合评价存档。

三、增加实验班级

值周班长制一经实行，班级面貌发生显著变化，学生积极性得到充分的调动，在同年级产生广泛的影响。高二（2）班班主任潘泽生得知后，便和学生商议，也搞起值周班长制实验，从而构成了实验联合体。两个班主任经常在一起商议、研究；两个班的学生也时常在一起交流、切磋，还暗地比赛上了"看哪个班实验得好"。

表4 值周班长考核表

值周班长				值周副班长			
值周时间	年	月	日至	年	月	日 第	周
考 核 内 容							
管 理				服 务			
项目	标准分	评分说明	星期 实得分	项目	标准分	评分说明	星期 实得分
课间维持秩序并督促两操	60	每天10分；有人管理，效果好8—10分；管理间断或效果一般5—7分；无人管理秩序差5分以下。	一 二 三 四 五 六	清洁卫生	60	每天10分；整天干净整洁8—10分；保持不好或没做干净5—7分；脏乱5分以下。	一 二 三 四 五 六
班长日志	30	每天5分。内容真实，富有教育作用4—5分；内容一般2—3分；内容差1—2分；漏写0分。	一 二 三 四 五 六	课间擦黑板并清理讲台	30	每日5分。次次有人做5分；漏掉一次扣一分。	一 二 三 四 五 六
活动	20	每次5分。宣传效果好4—5分；一般3分；差2分；无人组织0分。	一 二 三 四 五	为班级或同学做好事	30	每件好事5分；重大好事10分。	
组织学科活动	20	效果好15—20分；一般10—14分；差14分；以下无活动0分。		板报	20	好15—20分；一般10—15分；差10分下。	
组织体育活动	20	同上		创造性活动	10	有考核组核实讨论给分	
班会活动	20	同上		小计	150		
全班口头讲话	10	内容充实，效果好8—10分，一般5—7分；差5分以下。				总分	
重大事件处理	20	无违纪事件20分，有违纪事件处理得好15分，违纪现象严重10分以下。				备注	
小计	200			考核员签名：			

个人鉴定

姓名	评语

收　获

值日（周）班长制实验，使班集体的面貌发生了较深刻的变化。

一、普遍培养了参与意识，增强了主人翁责任感

这两个班 3/4 的学生达到重点中学录取线。他们上重点高中，心里想着考大学，眼里盯着考大学，读书、作业、分数、名次是"生命线"，集体、公益活动，视为"过时货"。1/4 的学生则未达到录取分数线。他们上重点，也想考大学，无奈起点低，常以失败者的形象出现，抬不起头。

值日（周）班长制毫无例外地把他们置于班级主人翁的地位，使得每个学生产生了一种被人尊重的"满意感"，激发了强烈的参与集体活动的意识，即使留级生也不例外。

【日志片段】　1986年11月3日　　班长：杭军

今天轮到我当值日班长，心里有种说不出的高兴，总是决心把这次难得的机会抓紧，认真履行班长职责。于是，我借寄宿之便，星期天到校，好明天一早抢在同学们到达之前，干完一切事，让大家有一个清洁的环境，认真舒坦地复习，迎接期中考试。清晨，我忙得不亦乐乎，满头大汗。等坐下来欣赏自己的劳动成果时，猛然感觉肚中空空，还没吃早饭哩！

【班长日志】　1987年12月14日　　副班长：冷雪

在党的"十三大"召开以后，我们年级实行了一种新的班级管理制度——值周班长制。这是改革带来的，是班级管理制度的一次巨大变革。

大家知道，过去班级管理，主要是由班主任和班长干，而班长大多都是终学年制。在班长行使权力的时候，很大程度上要听班主任的。这样，就不能使每个同学得到锻炼的机会。心理学指出，每一个人都有一种自我表现的心理需要。可在这种班级管理制度中，却没有机会表现自己的长处。于是他们可能会用别的方法去表现自己，后果是班级管理十分不理想。我认为，这种制度是终究要被淘汰，因为它不符合发展的要求。

新的班级管理制度——值周班长制，它的好处在于使每个同学有机会表现自己，展示自身存在的巨大潜力。它挖掘出每个同学的内在潜力，调动每一个同学的主观能动性。

我原来一直以为自己是一块当"老百姓"的料。而在当过一次值周班长以后，我完全改变了看法，认为自己不仅可以当"官"，而且可以当一个很不错的"官"。为什么这样说呢？同学们都知道，过去，我这个人是个非常懒散的人。每次轮到做清洁，我是能跑就跑，能溜就溜，最好是不做。当值周班长一周，便做了一周的清洁。我的思想发生了很大变化，我认识到一个人不要追求报酬，要追求奉献。我奉献了我的精力，把教室打扫得干干净净，没有换来什么物质报酬，但却换来了同学们的赞扬、理解和信任。我认为这是最宝贵的。使得同学们信任理解你，就要去为他们服务，使他们认识到你的热心是真诚的，是无私的。我还认识到一个人活着就是要干出点事情来，我听过赵紫阳总书记在"十三大"上的答记者问，他很有水平。我想，他的这种水平，不是一蹴而就的吧，也是通过不断地积累经验、学习而达到的，是从小就培养的。从这次当值周班长中，我深深地认识到了培养这种能力的重要性。我以前上台讲话总是面红耳赤，极不自然，而从当了这次值周班长后，我的讲话能力得到了极大的提高，不说是口若悬河吧，起码可以清楚地说出自己的想法，反应不错。所以这次当过值周班长以后，同学们都对我刮目相看，像第一次认识我一样，这就是人们认识到了我的存在。我呢，也增强了自信心，我发现了自己的长处。

　　我还得谈谈推行这个制度的我班班主任潘老师。我是潘老师的老学生了，以前我从来不认为这个老师有什么了不起的。但是，推行的值周班长制后，使我真正地认识到了我们班主任：他学习了"十三大"的报告，所以具有一种改革者的眼光。他认识到了过去班级管理的弊病，才推行了现在的值周班长制。我认为这一点是很了不起的。这使我们有了一个了解老师的机会。潘老师对推行了值周班长制也很有体会，他在我们的班长日志上写道："在我的教学生涯中，从未感受到这几天那样振奋；班级从未出现过这样令人振奋的面貌。"从这句话中，我们可以看到改革者给班级带来的活力。所以我们班有的同学说："我们班像这样搞下去，是很有希望的。"是的，我们就是要借改革的春风，推广值周班长制，把我们班办得在全校、全区、全市乃至全省出点名。我们班的同学们有这个决心，有这个信心，因为我们实行的是崭新的值周班长制。

翻开那厚厚的几大本班长日志，篇篇都洋溢着"我们是主人"的自豪感，字字都充溢着心忧班事的激情。读后，80年代青少年的精神面貌历历在目。

二、普遍增加了活动的次数，增强了班集体的凝聚力，有力地促进了学生德智体美劳诸方面和谐发展

仅以1987年11、12月两个月为例，高二（3）班大小活动达18次之多。有了解班级情况的民意测验，有班级之间的篮球赛，有百科知识智力竞赛，有英语单词顶针小组对抗赛，有文艺联欢会，有学习"十三大"文件的师生对话，有汉字规范化讲座，有国内外1987年十大新闻发布会，有你争我夺的足球赛等等。这些活动，均在课外活动时间进行，满足了学生精神生活的需要，这些活动，德智体美各方面都有，有效地克服了班主任只顾抓学习的倾向，使教育方针得到真正的全面贯彻。活动中，要组织、要商议、要评价、要总结，于是，同学之间的交往增加，了解增多。许多学生说："他还有这个本领，我今天才发现。"一个集体中，学生之间愈能互相发现优点，就愈能增强凝聚力。

三、普遍认识了自己，产生了较强烈的自我完善的愿望

实践机会增多，活动范围扩大，学生认识自己的次数便增加，心理平衡常被打破，于是自己的优势得到自我发现，产生追求新的心理平衡的内驱力。这种自身矛盾的运动，引发了学生自我提高的动机，萌发了学习的愿望。

【日志片段】　　1986年9月20日　　班长：何娟

今天是外语早读，没有老师，怎么办？上去，自己大家讲讲，要求熟读课文。可我犹豫了，别人会听我的吗？没想到这时外语课代表黄诗走上讲台,没有丝毫胆怯与不安,带领大家读课文,让同学板演、听写,早读充实地过去了。

接着是化学课,要同学做好课前准备吗?我又犹豫了,没付诸行动。但愿大家自觉。可就有不自觉的,老师皱了眉。我又开始后悔,惭愧自己无能。脑海中跃出歌德的一句话:"一个人,失去了金钱,他只失去一点点;失去了名誉,他就失去了很多;失去了勇敢,他就失去了一切。"从何时起,我竟失去了勇气呢?我能失去吗?

【日志片段】 1986年10月6日   班长:马娟

一个人扫一个大教室,真够累的!好容易才做完,只有付出了代价,才领略劳动的艰辛。以前,我看不起扫大街的,认为他们每天只是清晨在马路上扫一通,就能得到一个月的工资。现在我明白了,每天重复这样机械的劳动,既单调又费力,然而他们做了,年复一年地做了,这是多么不容易。为了城市的清洁,这些城市美容师顶风冒雪,在默默地奉献。我由此懂得了劳动的真谛——劳动就是付出自己的汗水和心血,给予别人,让别人生活得更美好。

四、普遍产生了民主意识,提高了学生素质

民主意识是当代精神文明的主要支柱之一。值日(周)班长制度废除了学生干部终学年制,给每一个学生创设了一个机会均等参与班级管理的情景。今日(周)是班长明日(周)却是普通一员。在上下之间,管与被管之间,班上自然而然地形成了民主的气氛。民主的气氛孕育着民主意识的胎儿。学生懂得并体验到民主的起码原则是人与人的互相尊重,是尊重绝大多数人的意向。因此,当班长的,一接工作,就想到大家。"听听大家的意见",成了班级时髦语言。

【班长日志】 1987年11月18日   班长:杨琳

我从来没当过班长，也一向认为别人比我干得好，因而对班级管理知之甚少，虽然平时注意观察和调查，但"纸上得来终觉浅"。然而，自从担任值周班长后，更自信了，我比他们干得更好！我以前在班上一直默默无闻，虽不认为自己比别人差一等，但并没有机会显示一下。有人说："机会是自己争来的！"我承认，但我凭什么去争啊？初三时，我的作文中涉及管理、哲学方面，被钱莳老师发现，说我"不鸣则已，一鸣惊人"。这对于我来说尽管是溢美之词，可还有什么评价比老师的赞扬更让人振奋呢？我慢慢地发现了自己的另一面。记得那是我们班的班长是夏风同学，他学习好，工作能力也较强，博得老师和大部分学生的喜爱，到现在，我同样喜爱他，厚朴、直率，真有股坚韧不拔的劲头。但喜爱归喜爱，我对他的工作方式和态度却不以为然，为此送他八个字"不可不用，不可重用"。他似乎更关心自然科学，对管理淡漠，仅能做老师助手和同学的参谋，却缺乏创造力，大概这是我和他的观点不同，我一向认为"风险和利益成正比；说得漂亮，干得漂亮"。到高二时，我当上了班长，头一次我有了这种机会，我兴奋和紧张不言而喻了。

新"官"上任，我就出了一份民意测验，这份调查是我平时注意观察的反映。它分为学习和纪律两方面，把我班委会所要进行的重要工作隐含在其中。学习方面："期中考试后的打算"；纪律方面："调座位、对同学的希望"；学习环境："你认为教室环境好与坏"等等。根据调查的结果，我们决定：读报给大家听，并阅读杂志，扩大视野，课外活动举行足球比赛等；重新布置教室，挂出名言条幅；重新编排座位，增进同学相互了解。在做这些工作时，使我受益的就是，我们所做的事情要服从大多数人的意志。另一方面，在我形成事情的做法和看法时，不能不听别人的意见。否则，先入为主，便再不能突破别人的框框，很难有所创造。

在工作中，给我印象最深的是智力竞赛。这件事，作为班长，我没插手，但密切地注意着事态。开始，我觉得他们出题目，办事太急躁，考虑不周，题目少了点。然而副班长沈志凡想到了，中午特意回家找智力题 25 道，整个竞赛题目共有 50 多道。在举行竞赛时，我在下面静坐，副班长他们在上面主持，竞赛圆满结束。从中我明白了另外一个道理：作为领导者，也要善于权力下放。这样，不仅减轻我的负担，也发挥了大家的智力，努力把领导集团团结起来，也发挥群体威力，而作为领导者就是这个集体的粘合剂。黏合剂的催化剂就是高度政治技巧。

这就是我值周班长所得的收获。也算是工作总结。

五、普遍历练了管理程序，锻炼了工作能力

值日（周）班长制强调学生的参与，组织各类活动，这样，每个同学都经历了活动方案的提出、方案的协商、方案的执行、方案效果的评价等一系列程序，在身体力行中获得了实际锻炼。

【日志片段】　1986 年 9 月 26 日　　　班长：张炜

中午，我饭没顾得上吃，就把自己带来的几本书杂志分给几位同学看，并要求他们勾出自己喜欢的短文、小故事等；接着，我把勾出来的文章归类整理，删去几篇不太好的，随后心里盘算，哪篇先读，哪后讲，怎样把它们生动活泼地连起来……读报铃响了，我放轻脚步走上讲台。

"请同学们不要讲话了。"这是很平常的一句话。我知道这话过后会有片刻的安静，便抓住时机，先宣布要读文章的标题，并说："看过的同学可以休息，但不要讲话。"

不出所料，这话引起了一阵哄笑。我并不制止，待笑声稍歇我便开始读。从"名人佚事"到"世界奇闻"，从"小幽默"到"科普知识"。每读完一篇，我都作些评述。我的话常引起同学们的议论，但我不压制它，而是留一点时间给同学们自由议论。读到后来，我欣喜地发现，同学们的注意力全都集中到我所读的文章上来了。

我是一个普普通通的女生,却抓住了那么调皮男生的情绪,这一切,都是我克服困难的结果,难道不值得高兴吗?

【日志片段】　1987年10月29日　　班长:朱涛

并非炫耀,这里我要"标新立异"了。经过长时间的观察,我发现了班上清洁卫生有三个低谷,下用曲线标示:

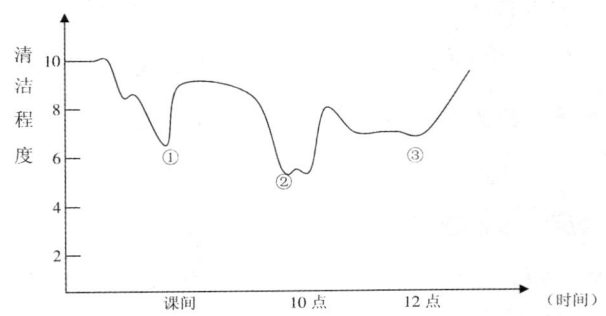

① 低谷:课间操后,没吃过早饭的,赶忙从小卖部买来点心之类,匆忙吃下,羔皮弃之于地。

② 低谷:中午进餐,洒落饭菜;过后又是作业草稿纸片落于地。

③ 低谷:自习课扔下的草稿纸,或者有人扔下的果皮。

对策是:课间操后,值日(周)班长及时提醒,并拾一次纸片、羔皮。读报前,再拾一次。自习课应提倡同学把草稿纸揉成团,放在桌内。

六、普遍减少了师生之间,学生与社会之间的矛盾,增加了彼此之间的理解度

学生与班主任,学生与社会要求是存在着矛盾。如果不找到一种科学的方式去解决,有时甚至会尖锐地对立起来,或在沉默中爆发,或是在沉默中抵抗。值日(周)班长制中有一项,学生在班长日志可直接向班主任提意见,进行书面对话。既交流了思想,又有效地防止了班主任判断出现错误。班主任说错了,学生在日志中指出,于是,师生矛盾锐

减。青少年对社会向来敏感，仅乘车问题，学生或怨国穷、人缺德，或横比而心生不满，或夸下海口："如果我当总理，就……"可是，一当班级这个小小的社会之家，体验就不一般。元旦到了，班长通知："每人交一元。"有人嘀咕："又交钱！"副班长孙褆解释："全校数我班交得最少。"收集后，买彩纸得花钱，买瓜子糖又得花钱，买礼品还得花钱……一预算，钱不够，但又不能再收，于是精打细算，才节约地办了元旦晚会。孙褆深有感触地写道："真可谓不当家不知当家难，不治者不治之者苦！由此我想到千把人的学校，想到 10 亿人口的中国，那岂不是更难更苦吗？可我过去从未想到这些呀！"

七、普遍记载了班级情况，提供了从事教育科学研究的原始材料

职责条例规定，每天都要写 1 篇日志。发展到值周班长制后，除写日志外，还要写班委会工作总结。积以时日，高二（3）班三个学期，共写日志 300 余篇，工作总结 10 篇，字数竟达 25 万之多，其中最长的有 1608 字，最短的有 604 字。班主任看完日志，针对情况，写自己的看法、建议，日积月累，也达数万字。这样，从师生两个方面，翔实地记录了一个班集体的历程。教育心理学研究方法之一是个案法，如果把高二（3）班当成千千万万班集体的一个，那么，这近 30 万字的文字，为教育科研提供了不可多得的原始记录。有意思的是，学生郑亮谈到值周班制的好处时，指出："写班级日志培养了我们的观察能力，是练笔的好时机，当我们重温过去的日志时，仿佛在回忆往事，那种为班集体作过贡献的自豪感油然而生，又增强了我们的主人翁责任感。"

（八）普遍沟通了学校与家庭的联系，产生了始所不料的效果

由于每位值日的学生都要写一篇班长日志，于是日记本便天天在学生之中传阅着。当他们带回家写时，使得每位家长都有机会看到日记本，都有机会了解整个班级的面貌，都有机会掌握孩子在校情况。这样，一小小的日记本，一下子把学校与家庭沟通了，一下子使家长与班主任贴近了。学生张露的家长读了日志后，特意给班主任来信，称赞"一日班长制是个创举，是教育改革中的新生事物"。学生陈亮的家长"偷看"了日志后，针对自己小孩的学习效率不高，采取了合乎学生心理的帮助的指导。有的家长从日记本上了解到老师的缺点，及时向学校反映，促使矛盾向好的方面转化。有趣的是，朱涛的家长、沈志凡的邻居徐慧都从事教育工作，看了日记本后，觉得新鲜，便把以往的日记本借去，对自己的学生"进行函授"，也先后推行值周班长制来。这真是"无心插柳柳成荫啊！"

附：武汉市 39 中学徐慧老师的来信

蒋老师：

您好！

我并代表我的学生感谢您及您的学生给我们送来了治理班级的好方法——值日班长制。到今天为止，我班已试行了 14 天，效果比预期的还要好。同学们的工作责任感大大出乎我的意料之外，清洁卫生、组织纪律、批评与自我批评的开展等方面均是一派新的气象。学生自己管理自己不仅完全应该，尤其完全可能。若不是您的启迪之下，我还不敢迈出一大步。这里再次表示感谢。

"胜利乐章"——武汉中学高一（3）班班长日志，已完成她函授教学的使命，现送还查收。

祝好

徐慧

1987 年 12 月 2 日

矛 盾

学生成为班级的主人，班主任不是轻松了，反而考验更严峻了，因为各种矛盾得到充分地暴露。这种局面要求班主任更细心地观察，更认真地研究，更灵活地引导，从而促使矛盾向好的方面转化，发挥班主任的作用。

新管理模式与社会生活习惯的矛盾。值周班长制是一种崭新的班级管理模式，不仅对班主任是一个新课题，而且对学生也是一个新考验。众所周知，学生从幼儿园、小学，一直到初中，都是在教师的"保护"下生活，对于他们的学习、作息、交往、娱乐等，尽管教师的要求不尽相同，但基本都是采取包办下来的做法。天长日久，学生养成一种依赖习惯——反正有老师管，用不着自己操心；习得一种依靠心理——反正一切听老师的，用不着你（同学）管。于是离开老师、班主任，如同航船失舵手一样，集体便不知所措。这种习惯，这种心理，给值周班长制实验带来严重的惰力——一方面，学生缺乏独立工作的锻炼，因而能力不强，影响班级管理的成功率；另一方面，学生只听班主任的，不买同学的账，同样影响班级管理的成功率。针对这种情况，班主任要反复做说服工作，讲清下面几个道理：①同学们现在工作能力的不强，正是过去班级管理方法陈旧的恶果，从而增强对改革的必要性的认识。②工作能力的提高，要靠历练，要靠锻炼。只有参加管理，才能增长才干。我们贴出一张《小牛学耕》的漫画，让学生议论，从而激发了学生参加值周活动的积极性。③大家向往民主，但民主的起码原则是人与人之间相互尊重。因此尊重班长，服从管理，实质上是建立民主制的保证。④我们是跨世纪的人，未来要求我们要有独立性，要有管理能力。只有从现在开始培养，今后才能担当起对外实行开放的大任。这些道理的讲述，可通过下面三种方式进行：一是在班级日志上写；二是对全班同学讲；三是与每届班委会座谈。重复的不一定是真理，但真理要反复地通过不同的事例加以宣传。这样，才能克服惰力，推动实验的健康进行。

理想标高与现实落差的矛盾。进取心驱使着每一位值周班长都想把工作搞得有声有色，得到同学们和老师们的认可，这样每届班委会之间无形中呈现出一种竞争局面。而事实上，由于各届值周班长的素质和能力不一样，相比之下，有的值周班长的工作显得逊色一些；有些好的计划，在实施过程中，效果欠佳，受到非议。于是，一些同学悲观失望起来，特别是那些缺乏锻炼的学生，一旦碰了钉子，更容易哀声叹调。在这种情况下，我们主要是做好思想工作，用哲学的观点帮助他们看到成绩，分析失败的原因，看到自己的责任，激发他们树立信心，改进工作方法。同时引导他们明确制订计划和措施要从实际出发，使之有可行性；惹事问题要学习运用辩证法，力戒片面性；处理问题既要有魄力，有原则，也要讲方式方法，具有灵活性。如高二（2）班胡琦同学，为带动部分同学上课认真听讲，提高课堂学习效果，他以一节外语课为试点，制订了一个导听表，发给每位同学。一位同学竟偷偷把导听表撕了，于是他大失所望，心灰意冷。班主任得知后，首先肯定他这一设想富有创造性，同时也鼓励他用辩证的观点认识问题，树立起战胜困难的勇气。于是，他主动做撕表同学的思想工作，了解到那位同学误以为这张表示针对他一个人上课讲话的毛病而来的，才一气之下把表撕了。经过做思想工作，这位撕表的同学主动向值周班长作出书面的赔礼道歉，态度极为恳切。胡琦同学从中获得了成功的欢乐，深有感触地说："当值周班长，不能光凭发号施令，还得学习做思想工作。"

值周工作的阶段性与班级管理教育连续性的矛盾。鉴于是"值周"的特点，各届班委会往往在制订工作计划时，只顾及到他们管理的那六天，缺乏全局的高度，长远的考虑，以致有些班长只满足于一般班务的完成，而不考虑提高管理质量；一些好的活动是一哄而起，不能坚持；有些富有创新性的思考也稍纵即逝，得不到发挥。对此我们相机引导，做好如下工作：（1）推行目标管理，把一个学期、一个阶段管理教育目标向全班学生交底。而这个目标，则先由我们根据教育方针精神，提出方向性建议，再引导学生分析班级现状，一起讨论确定。如高二上学期的管理目标是：①了解"十三大"精神，树立新型的人才观；②提高薄弱课（指课堂教学）的学习质量；③煞住考试舞弊的歪风；④黑板报要为班级生活服务；⑤清洁卫生要在保持上下工夫；⑥精心组织好元旦晚会，使之富有娱乐性和教育性；⑦动员不爱体育活动的同学，重视体育锻炼。各届班委会则围绕以上管理目标，开展工作，组织活动。这样，有了共同的目标，班级管理教育就能不断地深化，保证了连续性。（2）搞好交接换届仪式。每届班委会都要对上届班委会的工作进行考评，发现特点，找出问题，并作为制订本届值周工作计划的依据，好的经验要继续发扬，存在的问题要及时分析，研究出解决的措施，要求他们既虚心学习，取长补短，又要富于创造。如高二（2）班为了解决历史课效果不好的问题，第三届班委会提出了建立"导听卡片"的措施，但由于没有与科任老师联系，也没做好宣传工作，设计的卡片起不到导听的作用，效果不好。换届时，班主任充分肯定了这一措施富有创造性，并引导第四届值周班长们分析其失败的原因，于是他们继续实验。在科任老师的指导下，改进了导听卡片的设计，取得了较好的效果。

值周班长与非值周班长的矛盾。一般来说，在任的值周班长们都能关心集体，工作热情、主动，也能严于律己，而一周过后，不在任了，有些同学便放松了对自己的要求，有的不服从现任值周班长的管理，这时，现任的值周班长就抱怨这些同学，有的甚至打算在这些同学再任值周班长时报复一下。出现这种矛盾是难免的，需要班主任做好疏导工作。方法之一是在全班倡导互相理解、互相尊重、互相支持的风气，引导同学们正确认识自己在班级中的作用与影响，特别对那些当过值周班长而又不服从管理的学生，做细致的思想工作，引导他们用自己任值周班长时的心情，去理解在任值周班长的所作所为。方法之二，引导值周班长学习做思想工作，用赤诚的心去做某些难管同学的说服工作，争取他们对自己工作的支持。方法之三,表彰不任值周班长而能支持值周班长工作的同学。有几届班委会,在换届时,特地自愿买了小小的纪念品,奖给支持他们的同学。在小结工作时,表彰他们的支持班委会工作的事迹。通过以上工作,矛盾得到缓解,思想得到沟通,关系也得到协调,每一周值周班长都有一定的权威性,工作计划一般都能顺利地实施。

讨 论

值日(周)班长制初见成效,是观念转变的结果。

一、是反抗性还是独立性

学生一进入初二,教育者就感到头痛,因而称青少年时期为"冲突期""危险期""帮团期""闭锁期""难教育期"。一言以蔽之,青少年难对付,似乎他们具有一种天生的反抗性。果真如此吗?我们积20余年的观察,特别是近几年的教育实验,切实地认定,青少年的本质特征并非什么反抗性,而是一种可贵的独立性。

理由有二:一是青少年具有独立活动的物质基础——身体发育出现了第二次生长高峰,性机能基本成熟,能量基础代谢率最高,精力最充沛,脑发育和机能基本成熟等。当他猛然发现同成年人一般长一般高,当他猛然发现自己力量可观,难道不想跃跃欲试,跻身于成人行列吗?二是青少年已经把认识主客体分开,具有较强的自我意识。瑞士著名心理学家让·皮亚杰创立的"发生认识论",首次探讨了主客体分化的过程。他指出,初生婴儿出于主客体不分的混沌状态,幼儿不能区别主体与客体,也没有显示任何自我意识;这时一切被感知的事物都成为主体本身的活动,因而形成所谓"自我中心化"状态。幼儿经过多次活动后,使自身的活动得到协调,开始意识到自身活动的来源,因而产生主体意识;同时,在多次活动中,客体由于顺应和违抗主体活动的协调作用,从而获得了一定的时空永久性，形成了永久客观体，这时候，主客体之间开始分化。

但是，"自我中心化"现象并未因此而结束。随着年龄的增长和活动的精细化，主客体才进一步分化开来。能意识到自我不仅是个主体，而且也是个客体；主体的自我不仅能认识外生的自然和社会，而且也能够独立的去认识作为客体的自我。这种自我意识，换来了较强的自我感觉、自我理解、自我评价、自我调节和自我行动。"我知道""我晓得"，这种自我意识的典型语言。

当这种独立性得不到应有的承认、尊重和满足时，突出的表现为"不听话""执拗""冲突""反抗"，可教育者却惊呼："危险期"到了！当这种独立性得到应有的承认、尊重和满足时，突出的表现为"生气勃勃""积极向上""活泼可爱"，因而成人叹曰：真是后生可畏，祖国的希望寄托在他们身上！

值日（周）班长制的提出，是建立在对青少年本质特征认识的基础之上，他看到了青少年独立性的可贵之处，因而受到学生的广泛欢迎和心悦诚服地执行。许多学生在值周的舞台上，以自我认为（自我感觉、自我观察、自我分析、自我评价等）为主导，以自我意志（自制、自我调节、自我控制等）为杠杆，以自我情感（自尊、自信、义务感、责任等）为核心，利用他们那充沛的精力，演出一幕又一幕走向人生成熟的话剧来。

二、是明白病还是功利欲

教育学明白地写着，教育有两大基本规律，一是教育发展和社会发展相适应的规律，另叫教育发展与人的身心发展相适应的规律。显而易见，这一理论选择了社会、教育、人三个认识支点，但奇怪的是都将这三者之间的复杂联系简单地一分为二：或是教育发展与社会发展之间的相互关系，排除了人的发展因素；或是教育发展与人的发展之间的相互关系，排除了社会发展的因素。这样，教育发展的基本规律实质上没有得到科学的阐释和准确的表达。

如果把前者称为教育的外部规律，后者叫教育的内部规律的话，那么，起码还有第三条规律，即不协调发展的规律。这一规律表明：教育发展与社会发展、人的发展的适应只是相对的，而不适应是绝对的。具体表现为三大矛盾：①教育系统与社会大系统的矛盾。由于教育具有稳定性（传授人类以往的经验，周期长，生效慢），迟效性和活动性（预见性差、跟不上时代），因而教育难以保持同社会发展的同步性、速效性和主动性。②教育实施过程和人的发展过程之间的矛盾。一方面教育具有解放人的作用，是人的自身价值得以提高的工具和手段；另一方面，教育又具有限制人的作用，是人的潜能得以充分自由发挥的障碍和阻力。如此，在教育实施过程中，教育和人之间便构成了一个难以超越的怪圈。③教育发展过程中社会需求与人的需求之间的矛盾，前者代表的是共性化的功利要求，后者反映的则是个性化的生命冲动，这一极其尖锐的矛盾，常常使教育陷于困境，难以作出两全其美的选择。

正因如此，许多教育者在加班加点，拼命补课，拼命追求升学率之时，常常自我解嘲地说："我这是害的明白病，明知违背教育规律，还要这样干。"是明白病吗？非也！乃是功利欲。在第三条教育规律的许多矛盾中，这样干的人，只看到教育稳定性、迟效性和被动性的一面，只看到教育功能性一面，只看到教育功利性一面，而忽视了教育同步性、速效性、主动性的一方，忽视了教育障碍性的一方，忽视了教育个性化生命冲动的一方，于是，一个个活生生的学生成了学校扬名、领导显赫、家长卸包袱的工具，教育的人性被功利欲抹杀了。这就是当代教育不尽如人意的真因。

值日（周）班长制反其道而行之，把人当目的，着眼于培养面向现代化、面向世界、面向未来的新人，充分尊重个性化生命冲动的积极性，为冲动创设较佳情景，从而有效地克服了教育限制人潜能发挥的阻力，初步找到了教育发展与社会发展、人的发展之间相互适应之点。

三、是教师中心还是民主化

当今世界性潮流之一是教育的民主化，内容有三：一是教育机会均等；二是行政、教师、学生三位一体地参与管理体制；三是民主的师生关系。

但一谈到民主，许多教育者噤若寒蝉，以避资产阶级民主之嫌，更谈不上对学生进行民主意识的培养。但是，君不见，国家奋斗目标中有"高度民主"一项；君不见，祖国人民日益增长的民主势头；君不见，未来社会民主将成为主旋律。

此外，阻碍班主任在班级管理中民主化的主要因素是年深日久的历史沉积——教师中心论。不能否认，建国30余年以来这观念有了某些淡化。但毋庸讳言，这个观念的幽灵仍然顽强地占据着许多教育者的头脑。

让·皮亚杰认为，人从儿童时就有一种顽固的"自我中心"倾向，它阻碍人们对世界的认识和适应。教师中心论便是顽固的"自我中心"论结的涩果。其主要表现和效果为：①片面强调教师的引导作用。许多班主任习惯于将自己看成是牵着学生的手的引导者，总是把嚼烂了的馍口对口地送到学生的口中，以至许多看来成绩优秀者走入社会后却是低能儿，在教育中常是"以己度人"。单以了解学生为例，许多班主任认为，自己教了这么多年书，带了这么多年班，还不了解学生？事实上，"许多调查研究指明，教师一般并不像他们自己想象的那样了解学生。托勒于1969年发现，教师在自己所教的四年级、五年级以及六年级的学生当中，挑出那最受到欢迎与最不受欢迎的学生时，只能做到18%的准确率。""教师的困难是一种低的移情，即他们不能像孩子那样把自己置放在参照构架之中，也不能像孩子那样看待事物。"缘此，教育中班主任"以己度人"现象比比皆见，造成教育违背一切从实际出发，实事求是的思想路线。教育效果自然不佳。③把自己讲述的道理绝对化。不少班主任总是自觉不自觉地将自己所授的道理赋予绝对真理的色彩，抑制学生对这些理论提出质疑，久而久之，使学生思想受到严重束缚，变得迟滞，哪有什么创造、生气可言？值得关注的是，随着年龄的增长，此中心论不仅没淡化，反而演变得愈顽固。

值日（周）班长制由于让学生参与班级管理，拥有发言权、决定权，从而有效地抵挡住教师中心论浪潮的冲击，保证学生在民主的形式下，培养自己的民主意识，激发自己的创造活力，带来班级管理的实际效果。对此，我们有亲身的体验，当自我中心倾向降临，欲主观武断时，可值周班长说，我们的做法符合班级大多数人的意志，于是，我们便退却了。这种退却的实际意义，只有实行这种制度才能真正体味到，并感到莫大欢乐。

学生校长值周制

什么叫学生值周校长制

1987年春,武汉中学受值周班长制实验的启迪,在学校管理教育中,试行学生值周校长制,收到始料不及的效果。

什么叫学生值周校长制呢?即在一个学校里,每班民主推荐三名学生校长(一正二副),轮流负责日常校务一周。推荐的办法:(1)班主任介绍值周校长制,动员学生毛遂自荐。(2)凡自愿报名者,应当众讲述动机和打算。(3)全班举手表决,选出值周校长。(4)第二次轮到值周校长推荐时,第一个步骤可改为上次校长值周回忆得失谈。并且所推校长必须有两名是新人。

值周校长工作程序是:

(1)值周前三天(即星期五)召开联席会议,由政教处主任牵头,三名校长及校长所在班班主任参加。主要研究提出什么任期目标,怎样落实。由正校长把研究结果整理出讲稿。

(2)值周前两天(即星期六),由值周校长对本班学生参加清洁值周进行分工（注：我校清洁卫生不采取包干区制，推行清洁值周制，即每个班轮流做全校清洁一周。哪个班的学生当值周校长，哪个班同时清洁值周），进行动员，并提出要求。

（3）值周校长值周第一天（即星期一）提前到，到政教处领取值周校长标志、值周校长日志本和记载表；接着由值周校长组织全校师生参加升旗仪式，两名副校长当升旗手；在上周学生值周校长述职后，正校长向全校师生报告自己的任期目标和实施办法，并对全校提出要求和希望。

（4）值周内：学生校长负责每天检查本班做清洁的情况；委派同学检查各班清洁、两操、早间、读报、出勤、课外活动等情况；委派同学管理自行车，食堂进餐等事项，并分别按记载表作出评分。

（5）每两天由一名校长写一篇值周日记，反映本班清洁值周情况，反映全校大事，反映自己的感想，反映治校建议等。每周一、三、五交政教处主任审阅、批改，班主任也可写出看法。该《值周校长日志》轮流传下，不得遗失。

（6）周内组织实施任期目标。

（7）周末协调医务室、学生会、生活部检查全校大扫除，并按要求评分记载。

（8）星期天由一名副校长写出值周小结，看任期目标是否达到，准备在次日升旗仪式上述职。

（9）每天要有一篇宣传稿见于校黑板报，并将底稿一并交政教处。

（10）星期一提前来校在政教处与下周校长交接班。

值周校长任期目标和实施步骤

这里以一学年度学生值周校长任期目标和实施步骤为材料，来看实际工作情况。

上 学 期

第一周，检查评比各班情况。

（1）公布标准。（2）协同学生会生活部如期检查。（3）公布检查评比结果。

第二周，给敬爱的老师献上"八音盒"。

（1）各班自筹资金买空白磁带。（2）把全班同学最想给老师说的话、唱的歌、诵的词、听的曲等制成录音带。（3）在教师节时，派代表送给老师。

第三周，办一次摄影展览。

（1）贴出举办《最珍贵的镜头》摄影展览的通知，征集照片和说明。（2）评出图文并茂且优秀的照片。（3）刊出照片，让全校师生参观。

第四周，举行扎拖把比赛。

作者（右2）和最佳代表合影（1988年）

（1）张贴比赛通知。（2）按期比赛，每班参赛者三人，事先准备好布条、木棒、铁丝、钉子等工具。分年级比赛，看哪个班在规定时间内，扎出既结实又美观的拖把。（3）给最佳班级的代表拍照，后刊出。

第五周，举办祖国知识大奖赛。

（1）张榜公布收集祖国知识竞赛题启事，要求以班为单位，拟出十题于卡片上，正面写题，反面作答。（2）动员同学打破班级、年级界线，自愿组合成若干个参赛小组，报名参赛。（3）如期举行比赛。（4）公布获奖单位和个人（如最佳出题班、最佳参赛组、最佳答题员等）。

第六周，建立"学生校长信箱"。

（1）自制一个木箱，刷红漆后，用白漆写上"学生校长信箱"。（2）邀请部分班长参加挂箱仪式，说明建箱原委，号召同学把生活、学习等方面的疑问提出，并写在纸条上投入信箱。（3）每天开一次信箱，由学生校长分门别类进行处理，并向提问者作出答复。

第七周，举办班徽设计比赛活动。

（1）公布设计比赛方案，要求各班用集体智慧，设计出有本班特点的班徽图案，并在下面写出说明。（2）刊出各班设计，征求前六名意向。（3）组织评委，评出最佳设计两名，最佳说明两名，设计说明双佳两名。（4）建议各班将班徽制作出来，或悬挂在班级门口，或佩戴于胸。

第八周，尽量减少课间迟到现象。

（1）召开各班考勤员会议，指出本周着重抓课间迟到问题。要求考勤员认真记载本班迟到者的姓名、原因。（2）每天公布无课间迟到的班级。（3）周四中午召开课间迟到两次以上者座谈会。（4）次日公布座谈会纪要（不写具体姓名），并写出"校长的话"。

第九周，让会学者作巡回报告。

（1）请上学年度学习优秀者写好演讲稿，熟悉演讲稿。协同学生会学习部三名校长，分别听他们预备演讲，并作指导。（3）利用读报或班会时间，让演讲者分赴各班作报告。

第十周，为期中考试创造良好环境。

（1）指出往常期中考试在环境中存在的问题：①有的班级清洁值日生不负责，借考试忙而不做清洁；②由于不同年级交叉分班考试，造成乱扔草稿纸现象；③先交卷的同学，或兴奋，或对答案，在走廊或操场上高声交谈。（2）根据存在问题，定出相应检查评比办法。（3）公布检查结果，实行表扬与批评。（4）将此项检查结果列入班级"评先"指标。

第十一周，举办最佳质量分析征文活动。

（1）公布举办征文活动的通知，要求各班在个人学习质量分析的基础上，选出三篇参加学校征文活动。（2）组织评选最佳征文的班子，进行评选。（3）公布评选结果的同时，办一期征文专刊。

第十二周，让老师见讲台便笑逐颜开。

（1）指出各班讲台存在的问题：①课间讲台满是粉笔灰；②有的讲台下面有垃圾，不整洁。（2）召开各班生活委员会议，指出问题，提出解决办法：①给每班发一块专门擦讲台的抹布；②课间不定时检查各班讲台，进行评分。（3）公布检查结果，并派小记者采访老师，用老师的话鼓励每班坚持把讲台擦干净。

第十三周，举办座右铭展览活动。

（1）公布活动办法：参加者用彩色纸条写出自己平常最喜爱的座右铭，并署上班级与姓名。（2）按要求把座右铭贴在指定的地方，让师生参观。（3）收集座右铭，打印装订成册，发给每位参赛者做纪念。

第十四周，举办笑星选拔赛。

（1）凡能讲一个笑话的同学自动到学生值周校长处报名。（2）聘请评委，商定评选条件。（3）进行比赛，评委当场亮分，按得分、名次选出笑星。（4）让笑星在校艺术节亮相，表演讲笑话。

第十五周，让"一二·九"活动顺利进行。

（1）主动与校团委联系，了解"一二·九"活动主题形式及自身的任务。（2）负责布置会场。（3）检查评比各班参加活动纪律。（4）负责活动的纪律执勤。

第十六周，开展爱护公共财物检查评比活动。

（1）在学生值周校长的主持下，成立由各班生活委员参加的检查评比小组。（2）议定检查内容（如桌椅、门窗、电灯、玻璃等）和评分方法。（3）协同学生会生活部分年级交叉进行检查评分。（4）公布评分结果，表彰先进班级和班主任。

第十七周，抹去即将过去一年的扬尘。

（1）联系总务处。用竹竿和扫把扎成扫扬尘的工具。（2）分楼层安排每班打扫教室内外的扬尘。（3）检查各班打扫扬尘情况，公布评比结果。

第十八周，评选本校年度"十大新闻"。

（1）公布"大新闻"的标准和评选办法。（2）各班预评一次。（3）统计预评结果，公布二十条新闻。（4）全校师生从二十条中评出"十大新闻"。（5）公布评选结果。

第十九周，和校领导进行对话。

（1）翻阅各周值周校长的日记，对于他们提出的问题进行梳理，抓住几个主要问题，写成对话提纲。（2）约定时间，和学生会主席一起与校领导对话，反映学生要求。（3）将对话过程写成纪实报道，打印发给各班。

第二十周。为期末考试创造良好环境。

实施步骤同第十周。

下 学 期

第一周，"压岁钱"征文活动。

(1) 公布征文广告。(2) 如期收齐征文（每班三篇）。(3) 办征文专刊。(4) 给最佳征文颁奖状。

第二周，给母亲带来欢乐。

(1) 写出活动要求：在三八妇女节这天，每个同学必须给自己母亲献上一份礼物—或是亲手栽培的鲜花，或是亲自制作的贺节卡，或是自己最好的作业本，或是给母亲当面朗诵诗歌。(2) 节日后，要求各班写出献礼内容的条目。(3) 统计全校数字，公布在黑板报上。

第三周，歌星选拔赛。

(1) 公布选拔赛章程。(2) 聘请评委，商定选拔条件。(3) 进行比赛，评委当场亮分，按得分名次选出歌星。(4) 让歌星在五四营火晚会上亮相，表演节目。

第四周，春游设计大奖赛。

(1) 要求每班交一份经全班讨论后而设计出来的春游活动方案。(2) 办设计方案展览。(3) 每班发5～10张选票，投票选出最佳方案。(4) 给最佳方案颁奖状。

第五周，家务劳动比赛。

(1) 提前两周向家长发出通知，请家长设计竞赛题（每班五道）。(2) 对赛题筛选，确定口答题、动手题若干道，并做好准备，还事先公布动手题。(3) 在自愿报名的基础上，如期进行比赛，并选出评委、裁判、计分等人员。(4) 根据比赛项目择优发奖状，如"裁衣能手""摊饼妙手""洗衣好手"等。

第六周，请校友作报告。

(1) 于两周前请校友1～2名，确定讲话中心。(2) 贴出海报，写出校友报告内容、地点、时间。(3) 组织同学听报告，报告后组织对话。

第七周，读书会。

(1) 召开各班班长会，要求各班推荐2～3名课外阅读较好的同学，并请与会者带一本自己最喜爱的书，写出喜爱原因的发言稿。（2）如期召开读书会，发言者既展示图书，又述说喜爱的原因。（3）发言后由与会者自由交谈、交书友。（4）每学期举办一届读书会，有一定基础后，成立读书爱好者协会。

第八周，最佳作业展览。

（1）召开各班学习委员会议，要求各班每科准备一本最佳作业，并请该同学写出为什么作业做得好的原因。（2）如期举办展览，由最佳作业者向参观者讲述自己是怎样做作业的。（3）给最佳作业获得者颁奖，并将最佳作业分科装订成册。

第九周，"太可惜了"的回顾。

（1）召开各班宣传委员会，要求各班征集考过了的试卷2~3份，并请试卷作答者将因粗心而失分的题标示出来，简要说明失分后的可惜心情。（2）涂去试卷上班级和名字。（3）分科办专刊，让全校同学阅读。（4）刊后分科装订成册。由值周校长写出分析文章，主要说明粗心的种种情况和预防措施，在黑板报上写出。

第十周，同上学期的第十周。

第十一周，让五四营火晚会顺利进行，同上学期第十五周。

第十二周，40个榜样选拔活动。

（1）召开各班班长会，要求各班对照《中学生日常行为规范》中的40条选出模范遵守者，并写出书面材料。（2）通过考查，筛选，从全校范围内选出40个榜样（每条规范一人）。（3）办一个展览，每张图片上做到三"有"：有规范一条，有榜样者照片一张，有榜样者的事迹或心得。（4）组织全校师生参观。

第十三周，剪贴活动。

（1）贴出举办剪贴活动公告。（2）如期挂出几块张贴报，板底和周围装饰好。让参与者按时把作品粘贴在其上。（3）组织评委，分项评出最佳者，分别发给奖状。

第十四周，棋王是谁。

蒋自立（后排中）与篮协队员合影（1989年）

（1）召开各班文娱委员会，要求各班开展象棋比赛，选出班级棋王。（2）接着，进行全校性象棋比赛，选出本校第一届棋王。（3）展示棋王简历和照片。（4）每学年进行一次比赛，选出该届棋王。

第十五周，党员报告会。

（1）找校党组织联系，请优秀教师党员作报告，确定内容。（2）组织各班班委会成员听报告。（3）各班写心得1~2篇，汇总后办一个专刊。

第十六周，同上学期第十六周。

第十七周，建立友谊校和友谊班。

（1）召开各班班长会，讲明本校与省外某校建立友谊校的意向，要求他们与相应的班级建立友谊班级。（2）发出建立友谊校和班级的信函。（3）商议暑期开展建立友谊校和班级的具体计划。

第十八周，办作文专刊。

（1）分别找每个语文老师，要求他们从每班选出1~2篇最佳作文。

(2) 给作者发稿纸，请他们誊抄好。(3) 办出作文专刊。

第十九周，难题解答会。

(1) 贴出公告，要求同学们把自己学习中遇到最困难的问题写成纸条。(2) 分门别类后，请来会解答者（师生均可）。(3) 如期召开解答会，请问答双方参加。

第二十周，为期末考试创造良好环境。

实施步骤同上学期第十周。

结语

值周校长实验三年，由学生自己组织的活动达120次之多，活动内容涉及德育体美劳各个方面，活动形式多种多样。经过逐年筛选，上述40个活动可以说具有稳定性，即一个学校一学年度大概要搞的基本活动。所谓任期目标，是值周校长一周内必须要搞的活动。这些活动具有"小""易""实"的特点。"小"指活动规模小，"易"指活动准备较简单，"实"指活动实在，与学校实际情况结合紧。通过开展活动，有效地贯彻了党的教育方针，有力地改变了学校德育工作只是教师唱独角戏的被动局面，实在地培养和发展了学生各方面的能力。三年里，共计有180人次担任值周校长，有180人次的值周校长对全校师生讲话，有180人次在受到组织活动的实际锻炼。因而，造就了学生中的干部队伍，使他们得到长足的发展，成为学校各方面的带头人。关于这一点，只要读读他们写的日记就一清二楚了。三年里，共计写日记180篇，共14万余字，这几本日志简直成了校史的记载，成了学生心曲的记录。下面精选一篇，供阅读。

附：学生校长值周日志选

三月十七日　星期四　阴

这些天来，天气一直不好，星期一刮大风，星期二下大雨，星期三下大雪。可以说，不利的条件都让我们赶上了，虽说今天不下雪了，可满操场是水，清洁更难打扫。

通过这些天的劳动，我发现在我的同学们身上有很多的闪光点。我认为他们不仅是校园的小主人，而且是做得比较好的校园的小主人，他们总是默默无闻，不声不响地为学校做这、做那，却从无怨言，哪怕是受到了言语的攻击。每天早晨在学校门口记出勤的徐桢同学，每天早晨早早地来到自己的岗位，在打了早自习铃后，就和其他同学一起，记迟到同学的名字，这确实是件得罪人的事。今天早上某班（由于她们已承认错误就不点名）十位女同学迟到，一拥而进，不听劝阻，直向里冲去。徐桢同学一打听是哪个班的，就在当天进行了批评。中午，这几位挨了批评的同学对徐桢"怀恨在心"并骂了她。当我得知这件事后问徐桢："挨了别人的骂，感觉如何？"徐桢却笑着答道："我的心里很舒畅。"是的，她的心当然是舒畅的，因为他做的没有错，而且是百分之百的正确。曲啸说得好："心底无私天地宽嘛！"

校门口是学校的脸面，打扫脸面的工作也是件非常重要的工作，负责这项工作的杨立杰，汪青同学每天，早早来到学校，把我们武汉中学的"脸面"打扫得干干净净。车棚里的自行车摆得整整齐齐，这是张捷同学的功劳。王驰是从外地转来的团员，以前他给老师、同学们留的印象不太好，但在这次劳动中，他却是以一个崭新的面貌出现在大家面前。每天早上很早就来，除了将本组扫操场的任务完成外，还积极地配合其他的组进行劳动。这几天食堂中午买饭的秩序除了星期一差些外，其余几天都比较好。这是与梁红小组的同学们的劳动是分不开的。她们在完成了食堂的工作外，还经常帮助别的同学打扫清洁，帮助别的小组掏沟、掏池子，确实是不怕脏不怕累。王桢小组的任务是打扫楼梯、走廊和掏池子。他们的工作既脏又累，但这一小组在王桢的带领下，任务完成得也比较好。他们的蒋俊同学身体不太好，担任掏池子的工作，在工作中没有被"脏"吓倒，仍然坚持完成工作。

这几天我们的工作得到了老师们的大力支持，我们尤其要向余书记、我们的班主任黄老师表示感谢。他们每天早上来得很早，指点同学们做清洁工作。中午还在食堂督促维持秩序。还有初三（1）班的王惠云老师听说我们要办黑板报，主动问我们有没有彩色粉笔，当听说没有时，及时地给我们送来，真是雪中送炭啊！

我认为初三（3）班的同学们所具有的可贵的品质就是：大胆地管理，不怕打击、报复，默默无闻。

初三（3）班值周校长　李利

（另：宿舍楼一楼，老师寝室宿舍前的走廊及花房四周，每天都脏，清洁很不好做，要引起老师们的注意。）

【批语】

(1) 建立了意见箱。

(2) 办了一期黑板报。

(3) 检查迟到认真。

(4) 每日箴言写得工整，受到校工会主席杨永红的赞扬。

家政值周制

"咦,怎么搞的?"刚一上楼,我满心的喜悦顿时一扫而光,只见楼梯上满是酱油,一股扑鼻的味道,苍蝇"嗡嗡"地低飞着。楼上的住户一个个全都踮起脚尖,却仍是不免留下一串"褐色"的脚印。

怎么办?我想起了家政值周系列活动,其中有一项叫"打扫公共走道",这岂不是现在的打扫对象吗?我冲进家里厨房,满满地接了一盆水,自上而下小心地泼下,水顺梯而下,我便一级级的扫着。很快,楼梯干净、清爽多了。我满意地上了楼。

不一会儿,妈妈回来推门问我:"谁发善心,把楼梯扫得这么干净?"我冲他神秘地笑了笑。

看完小宝这则家政值周日记,我也会心地笑了。这个从来不做家务事的"独苗苗",在家政值周活动中,发生多大的变化呀!

在担任班主任的日日夜夜里。我强烈地感受到,现在的学生缺乏基本的劳动观念,缺乏基本的劳动习惯,缺乏基本的劳动感情。怎么办呢?靠老师说教,能"说"出学生的劳动感情吗?"纸上得来终觉浅,绝知此事要躬行。"我们应找到一种培养学生劳动习惯的载体,让学生在做中形成习惯、体验人生。于是，我便设计了家政值周系列活动。所谓家政，指对家庭事务的参与和管理；所谓值周，是指在一周内，学生参与事务的劳动和管理；所谓系列，即通过实验，归纳出一年内每周活动的内容。

一学年以四十周计划，每周活动内容分别是：①扫地；②拖地；③扫公共走道；④洗碗；⑤洗茶具；⑥洗饮具；⑦洗衣；⑧打洋尘；⑨擦拭家具；⑩擦玻璃；⑪整理房间；⑫钉纽扣；⑬买米；⑭买煤或换煤气；⑮卖废品；⑯整理书刊；⑰擦拭家用电器；⑱浇花或到菜园劳动；⑲叠被子；⑳布置房间；㉑清理衣服；㉒晒衣服；㉓晒被子；㉔扎拖把；㉕维修；㉖清扔无用的东西；㉗记家庭支出账；㉘建立家庭档案；㉙清理抽屉；㉚看望亲戚；㉛服侍老人；㉜照顾邻里；㉝主持家庭会议；㉞组织家庭娱乐；㉟祝贺家长生日；㊱采购物品；㊲装订报刊；㊳打扫卫生间；㊴装饰房间；㊵给亲人过生日。

寒假较短又逢春节，一般安排三周：①春节大扫除；②购置春节物资；③招待客人。

暑假较长，一般安排六周：①整理房间；②买菜；③择菜、洗菜；④做饭；⑤烧菜；⑥制作寒暑饮料。

这里所设计的活动，并不是要求学生刻板地依次进行，而是提供一个每周活动的主题，可依据实际情况进行。如"建立家庭档案"是某周活动的主题，可指导学生星期一拟"家庭有哪些档案的内容"提纲，星期二建家庭档案健康资料，星期三建家庭成员证件档案，星期四建家庭财产档案，星期五建家庭节目档案，星期六建家庭大事记档案。

为了使家长能配合家政值周活动，我们做了两件事：一是召开家长会。会上班主任详细讲述开展家政值周活动的指导思想、方法，并把系列设计打印出来，让家长人手一份；二是刻印家政值周反馈表，发给家长，要求家长指导督促小孩开展家政值周系列活动。

表 5　家政执周反馈表

班级		姓名		性别		家长姓名	
月	日	内容			周记		

家政值周活动开展一周年后，全班开展了总结表彰活动，并要求同学们对值周系列活动进行评论，哪些难于做到，以便进行调整。与此同时，发动全班对每个活动写出操作程序，择优打印成册，再发给每位同学和家长。其次，评选部分家政值周周记，也打印成册，全班同学人手一册。再则，评选优秀家长，颁发奖状。

左起任小艾主任、蒋自立、翟福英副总编（2000 年）

家政值周活动坚持三年后，全班同学的精神面貌发生了深刻的变化。许多在活动中学会了关心，既关心了自己又关心了别人；既关心家庭，又关心周围。于是，便有了前面周记所记述的那一幕。

家长、学生自编教育宝典

这天,我请来了高一(3)班同学的全部家长,向他们讲述了自己成长的故事。

讲到最后,我道出了家长会的用意——"今天,我讲了自己的人生经历,说明一个道理:自己明耻、自己发奋、自己提高、自己燃烧,就能成就自我,所以,我说:自我教育点亮人生。我是这样,相信每个家长也是这样,请你们把自己成长经历,写出来,用 A4 的纸打印好,在一个月之内交给我,拜托啦!"

一个月后,"高一(3)班家长自己教育自己故事集"发放到每个学生手中。同学们迫不及待地读自己父母的故事,心海不断掀起阵阵波浪。

我又利用一次作文课,要求学生也写自己教育自己的故事。

又过一个月,"高一(3)班学生自己教育自己故事集"呈现在家长面前,每个家长爱不释手,该书与上一本书交相辉映。两本自编的自我教育课本,成了这届学生家长最值得珍藏的家教宝典。选取一篇,原文照登如下:

感　谢

江群芳

进入中考复习,一刹那,我的头都大了:"又增加了早早自习,还多了中午自习,更添了晚自习;说得好听是自习,其实都是老师讲啊!真叫人受不了,难怪同学都说,'悲惨世界到了'。"

这天晚自习数学老师考后讲评时,把我狠狠地敲打了一通。回家路上,我高一脚低一脚,人都恍惚了:"这哪人过的日子!"第二天,梦中被妈妈叫醒:"快起来!早点做好了,你自己吃,我要上班了。"我真不想起来,我真不想上学,我真不想……猛一起身,看到爷爷和父母的合影。爷爷两次历险历历在目:1927年"马日事变",身为共产党员的爷爷差点被土豪劣绅捉住杀死;1966年"文革",爷爷因历史问题被劳动改造,几乎被病折磨致死。爷爷临终对我说:"现在好了,你们可安心读书了,可要珍惜呀!"想到这儿,我拍拍脑袋,自言自语:"那时生命都不能保障,现在有书读,却怕吃苦,这怎么行呢?"吃罢早点,我豪情满怀上学了。

作者与上海优秀班主任座谈后合影,后排左2为冯恩洪,前排左1蒋千秋、左7康香斌、左8蒋自立(1983年)

几次模拟考试,我的英语成绩一次比一次差。我心灰意冷,心想,这下完了,考重点学校无望了。回家看案头摆着《心灵鸡汤》,好奇心让我将书翻开,《永不退缩的林肯总统》一文引起了我的注意:

生下来一贫如洗的林肯,终其一生都在面对挫折,八次选举八次落败,两次经商两次失败。好多次,他本可以放弃,但他并没如此,也正因为他没有放弃,才成为美国史上最伟大的总统之一。

"我能放弃吗?"我扪心自问。"不!不能!"我坚定地回答。

我这样不断地挑战自己,终于以优异成绩考取了武汉中学。

我真要感谢中考,为我提供了磨炼自己的机会;我真要感谢爷爷和林肯,为我提供了战胜"小我"的好榜样;我更感谢我自己,能坚定战胜自我,迎接挑战!

The third album
第三辑

播撒自我教育的种子——教学篇

　　课堂教学不仅仅是传授知识,更重要的是师生一段生命的经历;让课堂充满关注生命的气息,让生命的活力如泉涌流,让智慧火花尽情绽发,让师生、同学之间充满真诚的关怀,这才是真正的课堂教学。

Jiang Zi Li
Yu
自我教育

举一反三

留过两次级的小勋一报到,便递上病情证明:"右腿骨折未愈,不能参加劳动和锻炼。"我打量他那和我一般高的身材,疑惑地问:"能做课间操吗?""不能。"他瓮声瓮气,低着头。"小勋,抬起头来。"谁知他低得更低了。看着他无地自容的样子,恻隐之心油然而生:一定要让他恢复起做人的自信心。

一次,省教研室要我到广州考察,火车票由武汉市实验学校买。我没有时间去拿,对在校吃饭的学生说:"谁愿意帮蒋老师出一趟差?"小勋起初显得蛮有把握,继而似乎想起了什么,沮丧地低下了头。见此状,我闪出念头:让他去。于是,我诙谐地说:"去!你们这些小萝卜头,去过实验学校吗?小勋,你去过吗?"小勋点头。我顺势说:"看见没有,小勋见多识广,他去拿票,我放心。"果不其然,小勋读报前拿回了车票,我又趁势对全班说:"一个班同学的才能,如同人的五指,有的长些,有的短些,有的粗些,有的细些,要相互学习,才能聪明起来。小勋的社会经验多些,大家要向他学习。"

次日,小勋上操了。之后,我与他并肩徐步,关切地问:"脚好透了吗?""老师,我是怕人笑,不是……""不说啦,我理解你,留过级怕人笑。这说明你知道荣辱、知道羞耻，这很好。但古人讲，知耻而后勇，知道羞耻后，要勇于改过，才是个聪明人。"

学校运动会有个集体项目：接力赛。在挑选队员时，我推荐小勋，"他人长腿长，一步抵得上小个子的两步"。小勋不负希望，跑最后一棒，把第二名丢下几米远，为集体争得了荣誉，受到同学们的好评，他也抬起头来了。

如果说让小勋拿票的决定为教育机智的话，那么，它源于对学生要与人为善的师德。教育是人与人心灵的接触、沟通和感应，因此，师生之间的交往，要放在人的范畴，放在人道主义的范畴，而不能仅仅只放在功利、分数、权势等范围，否则，也谈不上什么教育了。小勋留过级，被一些老师看做是个包袱，成绩拖后腿、坏习惯难改变，而且影响别人，弄不好会降低升学率，使班主任的奖金、晋级都受到影响。因此，有的班主任遇到差生，一是千方百计不收，二是无奈收了，过不久就逼着家长给孩子施加压力。像这样，班主任与小勋们之间的交往发生异化，小勋们异化为分数、奖金的代名词，教育之中的"人""人性"就消失了。如此为人师，哪有什么师德可言呢？

班主任的表扬、跑接力赛的胜利，使小勋神气起来，但期中考试后，他又低下了头——排名倒数第二。为什么小勋学习上不去呢？经观察、调查，他上课也不讲话，独自一个人玩。玩什么呢？说来好笑：他买来几块长方形橡皮，把铅笔削得尖尖的，穿过橡皮中央，做成简易武器，架在桌上，一会儿对准张三无声射击，一会儿瞄准李四默然扫射。怎样转移小勋的注意力呢？我一不收缴他的"武器"，二不要他写检讨，三不请家长，而是寻找教育契机。一次上课，我在黑板上草书了一个"凤"字，一笔呵成。回过身，发现很多学生摹写，小勋尤其认真，临摹了一节课。课后，我走到小勋桌旁，拿起写满"凤"的纸，笑着说："想学写字？"他不好意思地点了点头。"好呀，以后，我多在黑板上写点，你准备一个本子，一个个记下来，好不好？"他重重地点了点头。两周后，我要本子看，接过那装饰一新的本子，看到封面上写着"蒋老师行书字帖"几个字，我只觉得血往上涌，心想，这个学生真重感情，我一定要把他教育好。我动情地说："小勋你真会表扬老师，我还得好好练习，方能为帖。不过，你学写字，不能光学我一个人的。你看，数学教师那个解方程的解法写得多潇洒、政治老师的字写得多清秀，都得学，都得准备一个本子记下来，行吗？"小勋高兴地说："好！"又过了几周，我再要本子看，并说，汉语有个特点，只有句子才能表达完整的意思，光写一个字还不行。小勋眼睛一转，冲我笑着说："老师，我晓得，你这是要我上课记笔记。"我们都笑了，笑得是那样会心。就这样，小勋再也不搞无声射击了，期末跻身三好学生之列。

教育的对象是未成年的青少年，未成年人总难免出问题、犯错误，尤其像小勋这样的"差生"。当他们多次出现问题时，班主任不能因心烦而嫌弃、发火，更需要与人为善，更需要拥有与人为善的教育艺术——循循善诱。对于小勋注意力的矫正，我设置了三个台阶：一是以兴趣为向导——他喜欢摹写"飞"字，就"投其所好"，让他多写点，使他注意到黑板；二是以情感为桥梁——他爱屋（"飞"字）及乌（教师），班主任也以情相投，下决心教育好他；三是以自控为目的——最后达到记笔记，用自我教育来控制。在这个过程中，耐心等待是必要的，班主任要善于耐心等待，决不能急功近利。

教育小勋成功的案例极大地激发了我的教育智慧。我常想，学习的过程，是一个人控制自己心理变化的过程。能有效地控制它，学习效率就高，否则则反之。我们常盼望学生自觉地学习。所谓学习的自觉性，是指学生能够意识到学习的动机、学习的目的和学习的方法，能够意识到他自己就是组织、指导和监督学习活动的主体和教师。近几年来，西方一些心理学家通过对学习能力进行认知成分的分析，提出了"原认知"

的概念，它不是指人们对客观事物的直接认识，而是指认知活动的自我调节和管理技能，即"对认知的认知"。具体的内容包括，知道自己在什么时候知道什么和不知道什么，预计自己操作的成绩，有计划地分配时间和精力，检验自己的结论和学习后果等。

对矫正小勋注意力三个步骤的设计启迪我：一方面教师要循循善诱，一步步地引导抛弃旧习惯，习得新习惯；另一方面学生在知道了注意力不集中的毛病后，如何自觉地克服，能不能设计一些学生自我调控的程序，让学生来自我控制。于是，"集中注意的训练"在学生中开展了。

一、集中注意训练要点

1. 从外表上，做好听课准备，即稳稳地坐正。

2. 在内心里也要做好准备，即做好听课的准备，并且要使自己相信，今天的课是必须听的。

3. 注意要跟着老师的思维走，有时甚至可以情不自禁地插嘴；不必用力去记老师的内容，因为人不能同时既能理解又能随意地记忆，而理解得好一些，就会自然而然地记住了。

4. 不断地给自己提出问题：这是为什么？甚至可以想出下一步老师可能怎样回答。

5. 假如注意力一分散，马上中断自己的"野想"，用甩动几下头的方法，使自己注意力回到课堂上来。

6. 如果是因自己反应较慢，听不懂老师的内容而导致注意力不集中的，则要在课前进行预习，课后要弄清不懂的问题。

7. 可通过听音乐、看画展等方法来训练自己的注意力。

学生纷纷反映："这是为什么""甩头"这两种方法十分管用。受到学生的鼓励，我又设计如下几项自我训练。

二、兴趣满怀地学习训练

1. 选出一种自己感觉最难的、最不喜欢的学习对象。

2. 做好学习之前的心理准备。

①高兴地搓着双手。

②自我微笑着。

③自言自语道:"我喜欢你,说明文!我将高兴地去读书里所写的一切,我将高兴地去学习!"这样做的目的是让自己产生良好的情绪。

3. 用比以前稍微细心些的态度进行学习。

4. 像这样至少要坚持21天。为什么是21天呢?心理学家说,为了形成一种习惯,需要的时间不多不少——整整21天的时间。

其注意事项如下:

1. 判断训练是否成功的标准应该是看兴趣是否出现,而不是看成绩是不是一下子就提高了。

2. 假若失败了,要从头做起。特别要注意,在自言自语时,可增加些动作,如挥一挥拳等。

成功案例:

"我每次开始学习语法时,就不断地打哈欠。"小红承认说,"我真觉得枯燥无味!开始实验时,我努力克制打哈欠。我非常想打哈欠,可我紧闭住嘴。在开始学语法前,我故意让自己表现出高兴的心情,就像在预习英语课时那样(英语是我最喜欢的课程)。我跳啊,唱啊,我想象着一定会像英语那样有趣。这样持续了12天。现在,这种自我寻找乐趣的方法已经成了我的习惯。语法也真的使我觉得是一种有趣的知识了。"

三、增强自信心训练

有一位著名的美国整容外科医生,他能奇迹地把最丑陋的人变成最漂亮的人。但是,他发现一个问题:在他的患者中,有些人尽管手术相当成功,还是对他抱怨说,他们仍旧像从前那样难看,手术一点也没起作用,他们总觉得自己很丑。于是,医生得出这样的结论:问题不在于一个人有什么样的面容,而在于他怎样看待自己!

自信心竟如此神奇地起着巨大作用。

如果一个人觉得自己不美，那么，他是不会美的；如果一个学生觉得自己不聪明，那么，他就不会是聪明的。

让学生认识到自己是聪明的、有能耐的，这对于学好功课，是相当重要的，因为一旦有了这种认识，那么，它会促使学生本能地、竭尽全力地保护自己的这种认识、这种自我形象。

这种自我认识、自我形象构成的要素取决于以下三个因素：

1. 学习成果。
2. 所敬重的人的态度。
3. 本人正确评价自己的程度以及人们的态度。

如果此三个相互关联的因素中，哪怕有一个因素出了毛病，那么，整个自我形象就会毁掉，在学习中就会遇到各种各样巨大的困难。反之，三者之中，哪怕有一个因素是有利的，那么，其他两个因素的反作用也会减弱。

训练要点如下：

1. 在做某一种困难的事情时，首先取得第一个小小的成绩。具体做法是：如果学生认为划分复句较难，那一般同学就只做规定的练习题，有困难者可多找些练习题来做，虽然不一定会做，但哪怕独立做对了一两道题，也会立刻增添力量和经验。

2. 少考虑甚至不考虑别人如何对待自己，而更多地考虑自己如何对待别人，我能否帮助、支持、鼓励别人，让别人树立信心，这样，自己在自己周围播种的信任之种，就会很快反映到自己身上，别人对自己的态度也开始改变了。不管一个人如何觉得自己软弱无能，如果能去支持别人，他就会增强自信心。

3. 时常按照"我好，可是不比别人更好"这个公式来做。有一个调查表明，在每个班级中，有近 90% 的同学对自己不满意——他们觉得，自己在某些方面不如别人。但是，这些"别人"是谁呢？全班90％的同学比别人差，这是不可能的，这都是自我感觉，实际上是不存在的。因此，要坚信自己"好"，但是，要更好，尚需努力，这样做下去，既不丧失信心，又不陷入盲目的自负之中。

4. 大胆地参加各种各样的比赛，即使倒数第一名，也要心想，我毕竟参加了，比没有参加者有自信心些。坚持下去，自信心会得到增强。

四、增强记忆训练

记忆是一种人人都具有的心理活动，成才的重要因素之一。

初高中学生特别是男生不喜欢记忆。为提高认识，可出示心理学家研究的结果，如下表所示。

表6　人的年龄与记忆能力关系表

年龄（岁）	10~17	18~29	30~49	50~69	70~89
记忆	95	100	92	83	55

上表说明：①一个人在不同的年龄记忆能力是有变化的；②青少年时代是记忆的黄金时代。

训练要点如下：

1. 记忆前想好：为什么要记忆这个内容。如果实在找不到一个使人激动的目的，也可以假设自己的"老师"，假设别人问我这个问题等等，最后，还可以给自己设想出一个最简单、最可能的情况——明天老师提问我。

2. 在两三周内可这样尝试：只是简单地读课文，心里复述它，而是先把课文分析一下，把它跟前一课比较一下，分成段落，画出重点，赋予课文里每个词以涵义。要告诉学生，越舍不得花时间愈需要时间。

3. 要利用每一个机会运用新获得的知识。记忆的一个重要特点是记忆只保留那些在人的活动中能得到某种运用的东西。用得越多、越广，记忆得就越牢、越久。

4. 可通过背诵大段的诗歌和整页的散文,来训练记忆力。

五、喜爱阅读训练

1. 找到一本使自己感兴趣的书

其办法是,向同学、朋友(最好是同龄人)打听,哪本书曾叫他们废寝忘食、爱不释手,然后,想办法借到手。通过阅读这本书,可能使你和书交上朋友。也许会失败,即使这样也不要认为其他书都是枯燥乏味的,你可以多试几次。

2. 给自己提出一个任务

每天都阅读一定时间的书,半小时或者一小时。经验表明,谁能在15～21天之内连续地每天阅读,哪怕只有20分钟,谁一定会变成喜欢阅读的人。不信就试一试,看自己实验了多少天;从哪一天起,自己比较喜欢读书了!

3. 做一点读书笔记

假若你有点儿喜欢读书了,便准备一个笔记本,做一点读书笔记。先从最简单的做起,记下你读书的书名、作者;偶尔你觉得哪句话蛮有意思,便可以摘录下来;或许你感到书中的哪句话不合事理,可说出自己的点滴理由。经验表明,做笔记切不可贪多求全,否则,你会因写第一句读书笔记的话想不好而辍笔。

4. 发现自己中心兴趣

这样一路实验下来,积以时日,你可能读了不少书。这时,翻开读书笔记本,统计阅读过的书籍,你会惊喜地发现:"哎呀!我读了这么多书!"别忙,有价值的东西还在后头哩!你可以把书名归一下类,从中你会得到一个更惊人的发现——自己对哪一类书最感兴趣(即中心兴趣),或许是侦探小说,或许是科学幻想小说,或许是名人轶事,或许是古典名著——一旦有了这个发现,你便牢牢地抓住它,扩大阅读这一类书籍的数目。越往下读,兴趣就越浓厚。或许因此,你将以这一类书籍所展示的学科为自己的志向。

5. 交几个书友

开始，你靠同学、朋友而引起阅读兴趣，如今，你也应当是一颗种子，播种到你挚友的心田中去——向他们绘声绘色地讲述自己喜爱的书。坚持下去，你会得到一个或几个可以与之交换书籍、谈论书籍的朋友。如此这样，你的人生便攀登上了不断进步的阶梯。

小小文章，简单五步，引起全国各地中学生的好评，先后收到近600封来信。下面照录一封信以证明，教给学生自我训练的确有效。

蒋自立老师：

您好！

拜读了你写的《怎样使自己喜爱阅读》一文中的五点方法后，我经过了实践，还真灵呢！

蒋老师，我也是个中学生，可是在没看过你写的这五点怎样使自己喜爱阅读的方法之前，我是最不喜欢读书的。除了学习课本外，就是打球、追吵。宝贵的光阴从我的手中、脚下溜走了，然而我并不感到可惜，相反当我看到那些一有空闲就去阅览室坐着的同学，认为他们是自找苦吃。那么多的书报多么难看啊！头不看疼才怪！因此我最反对班上订什么报纸杂志，因为我一看到就头痛！也因此同学们都不愿和我交朋友，对我这种态度也很反感，可又拿我没办法。

蒋老师，你是否早知道我的心事呢？要不然你写出的这些方法还真能把我的怪脾气给治好了呢！

说实在的，蒋老师，你写的这些方法我也不是自觉看的，而是一个同学看到后督促我才看的。看了以后我还不大信服，经过了检验。因为我平时就爱打打闹闹，当然我也就爱看看武侠类小说了，我首先找到一本梁羽生先生写的武侠小说《七剑下天山》，不知什么魔力，我越看越想看，看了上回，便急于看下回，下回该怎样发展呢？这样有时上课我也免不了偷偷看上几眼。从这本书起，渐渐地我什么书都喜欢看了，什么《三国演义》《水浒传》《三剑侠》《雪山飞狐》《神曲》……一般的报纸杂志我也不放过了。从这些书、报杂志上，我摘抄了许多富有生活哲理的话，现在已有一小本了。通过这么一摘，也真怪，同学们喜欢我了，我也知道西班牙的有个塞万提斯，英国有笛福、夏绿蒂、勃朗特、狄更斯，法国有雨果、巴尔扎克、罗曼·罗兰……奇怪的是我的作文水平也明显提高了。老师的评语不再是：语句不通顺，内容空洞，有点口号味。而是被"文章大有起色，感情真挚，言文流畅……"所代替，看到这一类评语时，我心理痒痒的，真的希望一下子就把所有的书都看完，把所有的知识都装进我的脑袋。因为现在我之所以能得到同学们的喜欢、得到老师的表扬，觉得自己较为富有，这一切都是经过阅读得来的啊！

　　蒋老师，我这一切小小的成果多亏了您的帮助，要不然我还在追吵打闹，白白地度过短暂的一生，那多没意思啊！

　　当然我现在离要求还很远，那就望你更多的帮助，更多的指导了。

　　祝
　　秋安

湖南省武冈县商业中学　文君

六、"我开始自立了"训练要点

1. 读一封家长来信，信中提到孩子总是不喜欢家长的说和管教，使家庭这个小集体不和。

2. 通过议论，认识到一方面家长管是爱的表现，另一方面家长管得细则是不放心的表现。

3. 为了使家长放心，培养学生的能力，每个同学写一份《自立宣言》，表明自己管理自己的心迹，写明自管的内容，如按时作息、按时作业、自洗小衣服等。

4. 将《独立宣言》贴在床头，切实执行。

七、"自我设计是学习成功的诀窍之一"训练要点

1. 出示"学习计划检查表"

①对编制以周为单位的计划表进行学习了吗？

②开始学习时，制订当天的计划了吗？

③在假期里（寒暑假及其他节假日等），为学习而编制特殊的计划了吗？

④睡觉、起床时间大体定了吗？

⑤运动、游玩等时间大体定了吗？

⑥听广播、看电视时间大体定了吗？

⑦制订学习计划时，与家长商量了吗？

⑧是否经常检查一天的时间是怎样利用的？

⑨新学年开始时，制订一年的学习计划了吗？

⑩新学年开始时，确定一年使用的参考书刊了吗？

上述 10 个问题中，每答"是"一题即得 2 分，难以判断给 1 分，答"不是"不给分。累计后，分成 5 个等级：17 分以上，非常好；13～16 分，好；8～12 分，一般；4～7 分，较差；3 分以下，非常差。

2. 每个学生对照检查，得出结果，从中了解整个班级及每个学生对制订学习计划的认识水平。

3. 引导学生分别制订出周、学期为单位的学习计划，贴在家里的书桌旁。

4. 定期进行自我检查，反省和自我鼓舞或深深自责。

八、班级清洁值日案例

每天都需要做清洁，这是班级管理中的常事。然而，倘若管理不得当，那也是班主任心烦的事。

美国心理学家华生认为，人是可以无止境地进行训练的。为了表明人经过训练能以超乎寻常的方式对各种刺激作出反应，1920年，他做了一个经典实验，其实验内容如下：

儿童艾伯特非常喜爱兔子，达到一看见就用手抚弄的地步。实验开始了，正当艾伯特抓兔子时，华生大喝一声。这使艾伯特吃了一惊，开始害怕起来，一边哭叫，一边畏缩。一个星期后，又如此进行一次。最后，艾伯特只要一看到兔子，便害怕得啜泣。他不但对兔子害怕，甚至类似兔毛之类的制成品也害怕了。

实验表明，条件反射起着非常重要的作用。在不同条件下进行训练，可以改变人的行为方式。

我国明末清初教育家王夫子也曾提出人的性格、习惯不是"一受成型"，而是"日生日成""屡移而异"的见解。他认为，人的性格、习惯"未成可成""已成可革"。

常见的清洁值日法，是每天四人或一纵行，结果是"三个和尚没水吃"。怎样通过训练改变学生"以成"的陋习呢？

在讲了四人或一纵行做一天清洁的利弊后，我说，"从今天开始，清洁值日用新法，叫轮流个人包干制，就是一个人做一天清洁，全班轮流。"

有学生抱怨了："那多划不来。"

"划不来？我们来算一笔账。"我接过话说，"一天一人，全班51人，就是51天值日一次；全学期22周，共132天，除以51，一学期每人顶多做3次。如果每天4人，一学期每人要做11次。"

看看学生默认的神情，我接着说："这当然不是主要原因。采包干制的主要意图在于培养每个同学的责任心，这天只有你一个人做清洁，你跑了或不认真，明天就没有一个干净的地方学习，这责任，你是无法逃避的，这是其一；第二，这种做法在于培养每个同学的独立精神。我们不能事事依靠别人、依靠集体，否则，养成一种依赖心理，将来你就甭想有自主精神，也不能做出一番事业了。"

此时，我环视全场，许多学生脸上露出了信服的神情。我深深地体会到，教育学生，仅理通了还只是成功的一半，还要有具体的要求和措施，通过一定条件的训练，才能达到目的，取得成效。

"一个人怎样做清洁呢？"我设问道。学生流露出不屑一顾的神情。我看出了这一点，便说："别小看这个问题。现在这样好了，前后桌的同学，相互议论一下，说出做清洁的程序来。这个程序要做到既好记，又多、快、好、省。"

教室里人声鼎沸，班主任巡视其间，不时说上几句。

发言开始了。

张山说："第一条，放学铃响后，值日的那个同学马上站起来，大声对同学们说，'请帮个忙，每人把自己的板凳竖起来。'"

"哎，不是个人包干吗？怎么要别人竖？"有人异议。

张山说："你看前面黑板上方的班训是什么，是'你帮我，我帮你，自己管自己'，每人竖一下板凳，举手之劳，既帮了别人，又加快做清洁的速度，两全其美，怎么不好？"

全班鼓掌通过了。

李肆说："第二条，将扫帚用水打湿。"

"这是为什么？"有人问。

"这样做清洁，免得吃灰，还可以使桌面干净些，真是两全其美。"

王伍补充道："这样，事先要打好一桶水。"

"第三条，认真扫地，特别要扫旮旯儿。老人说，'扫屋不扫角，转背就龌龊。'"赵树自圆其说。

"第四条，扫完，放下板凳，对齐桌子。"钱家自发言道。

孙科员说："第五条，应该是冲干净扫帚晾好。"

"第六条，关好窗门，上好锁。"

这六条经过整理，写好，张贴在教室里。

新的清洁制度开始了。我一发现按值日程序做好清洁的，便及时表扬，并反复讲述值日程序。像这样积以时日，全班轮流一次后，第二轮开始了，我就放心了——报告做清洁逃跑的几乎没有了。

新的条件，反复的训练，改变着同学们"已成"的陋习，养成着"未成"的良习。

九、自编"错题集"训练要点

为降低学习错误的重复率，我要求学生编写"错题集"。

1. 每人准备一个大笔记本，分为五个主要学科：语文、数学、英语、物理、化学。

2. 根据自己的成绩事先预留出每科的页数。

3. 平时自测、老师组织的小测验、期中、期末考试，每次考过之后，就把做错的题重抄一遍在错题集上，错误的答案和正确的答题过程都要写上。

4. 写出错误的原因。

5. 错题集一般这样写：

科目：化学

题目：下列反应能否发生

$Cu + H_2SO_4 = CuSO_4 + H_2 \uparrow$

错误：能

正确：不能反应

原因：因记忆错误，不能灵活运用金属活动性顺序的知识而导致错误。

这样的"错题集",优秀学生一学年五个学科加在一起,写不了100页。复习的时候,他们先看错题集,把错题集上的题再做一遍,这样,用时少而复习效率高。后进学生每次考试丢分多,"错题集"量太大,他想都改,结果顾此失彼,每况愈下。可引导他们每次只将有可能改正的错题编入"错题集",这样,就越学越有信心。

十、"自己出考题"训练要点

临近期末考试,学生们不知不觉地猜测起这次考试可能出哪些题目。我觉得这有利于调动大家的积极性,便提出:"咱们每个人出一套模拟考试题,大家抽签做。等到正式考试以后,看谁猜中的题目多。"

因为要出题,就要回忆以前考试的题型、命题的一般原则,就要将以前的知识全面复习一遍了,考别人,自然得挑选重点、难点。

1. 每位同学根据自己的经验、认识,确定这份试题一共分几种题型、几道大题,各包括几道小题。知识的覆盖面,题量大小,分数分配全由自己确定。

左起李青山、彭小青、王朝文、陶西平、蒋自立(2006 年)

2. 答题的时候，试题先交给学习委员，然后每人轮流抽题，抽到谁的就答谁的题。

3. 答题以后，将试卷连答案都交给出题人，出题人根据自己确定的评分标准评卷。

4. 评卷以后，出题人将结果告诉答题人，答题人可以提出不同意见，双方讨论，倘仍不一致，找班干部或老师最后确定分数。

这样考试有如下几点好处：首先，复习目标明确；其次，学生感觉主动；第三，同学之间相互考，兴趣浓。

废除"要我学"行吗

我曾烦躁地对学生说:"干吗要天天逼着你们学习?"他们不知所对地看着我。我又说:"几时,你们才会出现'我要学'的情景,那蒋老师睡着了都要笑呢!"

学习动机,常常成为萦绕于脑际的一个大问题。

"要我学"能废止吗?我问自己。"要我学",就是社会,特别是教师要学生学习,这样,学生的学习动机是外加的。外加动机,出现在一个学生学习功课是由于功课外的原因的时候,例如学生背政治,不是对政治本身有什么兴趣,而是因为背会了能考好成绩,那么,他的行为是被外加动机所推动的。但是,考试过后,问他背的还记得多少,其坦然地说:"全忘了!"不言而喻,目的一旦达到,记住所学材料的任何意义显然就结束了。更有甚者,不仅全忘,而且产生厌学情绪。所以,美国的卡尔罗杰斯提出"以学生为中心的教学"模式,并提出,"我相信唯一能够影响个人行为的知识,是他自己发现和化为自己的知识"。就是看到这种弊端后提出的。

目睹学生被动学习的情状和不良后果,有时,我简直想喊:废止"要我学"!

但一回到那繁忙的教室，我发觉，坐等学生内在动机起作用，往往是行不通的，而运用外加动机总比什么事都不做要好些。这又是为什么呢？

这里涉及认识论。人不被外在事物刺激，哪来主观意识的产生与形成呢？

这里反映教育的某些本质。人不纳入教育，接受文化，哪能较快较正常地社会化呢？

这里包含着动机的组成部分。动机可分为外加动机和内在动机，失失"外"，何以为"内"？

这里还揭示出学习和动机相互影响的规律，我们常说，动机是学习的先决条件。这是对的，但还说得不全。通过观察，我们发觉，学习对动机还有反作用。因此，当学生尚未表现出对学习有适当的动机之前，教师不能坐等，而应创设条件，给予刺激，激励其学习。一旦学生尝到学习的甜头，动机乃孕于其中。

正因为看到这种外加动机（"要我学"）的重要作用，所以教育者十分重视学生学习动机的外在启动。

方式方法非常多。归纳起来不外乎四大类，一是奖励，二是惩罚，三是反馈，四是竞赛。

但是，就学校现状而言，重视外加动机的激励特别是重视惩罚达到了泛滥成灾的地步了！

速罚慢彰现象

我曾训练过四个学生,来观察他们各自所在班班主任处理班级各类问题所采取的方法。

在正式观察之前,我告诉他们如何观察和观察的目的,统一观察标准和记载方法。

目的:了解班主任处理问题的方法。

统一标准:运用奖励方法包括表扬(口头、书面)、物质奖励、评三好学生、多给分数、态度亲切。运用惩罚方法包括口头批评、告诉家长、罚扫地(劳动)、罚作业,甚至动手等。

观察时间:两周。

观察范围:每天上学起到放学,只要班主任和学生发生接触时,便观察。

观察结果如下:

方法	奖赏	惩罚	其他
次数	28	53	7
百分比	32	60	8

这个结果表明,班主任处理各类情况存在着"速罚慢彰"的现象,即对错误的、不正当的学生行动,反应速度快,态度变化大,语言严厉,

惩罚方法多——速罚；而对正确的、良好的学生行动，反应速度慢，态度冷漠，语言轻描淡写，表扬方法少而且慢。更有甚者，学生有好的举动，有的班主任却觉得不值得一提，"嘴角挂着轻视的冷笑"（学生语）。

为什么老师会产生这种速罚慢彰的现象呢？首先，班主任总以为自己是教育者，不能放弃教育学生的"神圣职责"。其次，教师和学生对于同一事物，同一概念，常常存在着差距。换句话说，存在着概念差。学生喊的"懂了"，和老师认为的"懂了"是有较大差距的。于是矛盾便来了。再者，受传统教育观念的影响。习俗的教育者认为，学生不能多表扬，一多表扬就翘尾巴，要多"敲一敲"。最后，教师个性心理品质差，根本不讲究什么教育艺术，过分看重外加大家的动力。

由于太看重外加动机的作用，又由于太过分运用惩罚手段，所以，学生厌学情绪普遍增长，视学习为畏途，视教师为恶虎，进而对学习本身发生兴趣的内在动机的培养就忽略了。

在外在动机强化刺激下，有些学生学习成绩搞上去了，后来怎么样呢？

有个学生每次考试的成绩都不错，分数极高，被选派出国留学。到了美国，他的分数仍然超过美国学生和同去的留学生，被美国的一位著名教授选为研究生。一年以后，教授问他一年来学业的进程如何，他回答正在等待老师的安排学习内容。教授听了以后，大失所望，不得不取消了他的研究生资格。

反省，深深地反省。这学生给老师写了一封信：

老师，您少教了我什么

敬爱的老师：

考虑了很久，才提笔给您写信。我知道，在怎样教育学生的问题上您素来自信，所以，当人夸我班升学率高时，您总是颇有体会地说："这是严格要求的结果。"老师，我打心眼里十分感激您的教诲。但最近那事（指取消研究生），总叫我辗转床头，彻夜难眠，往事历历在目。

记得有一次，我们几个同学在一起对《飞蝶》杂志兴趣盎然地讨论时，您过来了，了解情况后说："那又不考，搞什么？"又一次，几个同学和另一位老师参加了《中国青年报》举办的百科知识竞赛活动，您知道后还向领导反映，说那老师干扰高考复习，"考不上大学，谁负责？"并来班上说："对于你们来讲，现在唯一的任务就是准备高考，其他一切都不要参加。"这样，我们的兴趣小组被取消了，我们自己组织活动以培养组织能力的机会被扼杀了，我们查阅资料的机会也没有了。只有整天到晚完成"做（捉）题"任务。但您不知道的是，班上还有人暗暗地参加各种比赛，小付就是一个。不仅参加，还得某电台的一等奖呢！事后（入大学后），他深有体会地说："参加比赛让我学会了检索，知道怎么动手查资料了！"

还有一次，对我印象太深刻了。那天，已是下午五点了，我做题做得头昏耳热，伸头一望操场，已冷冷清清。一股单调、寂寞的情感涌了上来。再看看周围，还都趴在桌上"捉题"！

"走，我们出去走走！"我用肘子碰了碰同位，低声说。

小强本能地站起来，又颓然地坐下说："老师来了，又说'划不来'。"

"我脸发热，头昏，想清醒清醒。"

"好，我舍命陪君子！"小强仿佛下了狠心，把草稿纸揉成一团，掷在地上。

走出教室，正见您的孩子在跳绳，于是我们一起跳了起来。

跳啊跳，仿佛回到了"百草园"；跳啊跳，宛若返回了童年时代……

"都给回教室里去！"猝然，一声厉喝，一切戛然而止。我们呆若木鸡，继而如梦初醒，悻悻地往教室走去。

背后传来您对孩子的斥责:"作业做了?"

"做了!"

"做了就完事了?你读初三了,还不努力,能考上高中吗?考不上高中,你就待业好了,谁养你?难道你不想上大学,难道你要用绳子把自己捆住吗?"

锣鼓听声,听话听音,我知道,这话是说给我们听的。但那时,我真想冲到您面前,大声说:"没完没了地捉题,才是真正的捆绑我们的绳子!"可是,中国是的旧观念——"温柔""以忍为上",像铅一样注入了我们的双脚,迈不开半步。

就这样,我习惯了,习惯了这种以解题为主的学习生活。性格日趋内向,多了迂腐、呆板的书生气,多了驯服,少了主见,一切等着老师的安排。难怪美国教授见我等着他布置,习惯地耸耸肩膀,两手一摊说:"不行,不行,要靠自己。"

老师,您盼望学生成才,但我现在强烈地感到您的这个"才"的内涵,在追求升学率中,被曲解了,被污染了:"才"就是会解题,会背考试的内容。其实,我们是信仰马列主义的,其精髓是什么呢?是理论与实践相结合,是重实践、重革命、重创新。可是,学校里呢?却背道而驰,长此以往,中国能出现诺贝尔奖的获得者吗?我不敢想象。

老师,我跟您谈这些,并无责怪之意,只是向您汇报自己思想上的一段历程,但愿您在教现在的学生时能得到借鉴。

此致

敬礼

您的学生 天晓

读罢此信,我不禁想起德国教育家第斯多惠,他曾针对19世纪上半叶德国学校用体罚和严酷纪律等迫使学生学习的做法作了批判,深刻地剖析了单纯追求外注动机的危害。他指出，这种教育已使学生失去了孩提的天真，而太容易地自愿去死记一切他们不能理解的东西。他们应当反对这样做的，但他们已经驯服到有损于真正的教育。"由于这种可悲的习惯，他们丧失了对真理的热爱和渴望。学习成了一种负担，而不是它应该有的精神释放，'真理使你自由'，我们却把学生变成愚蠢的和目光短浅的人。"

无独有偶。爱因斯坦曾说："学校主要以恐吓、威胁和人为的权威教学，那是最坏的。这种教学方法摧残了学生的健康感情、诚恳正直和自信心，培养出来的是诺诺的庸俗之举"。

外加动机"要我学"既不能废止，又不能像两位先哲指出的那样当做"主要"的，那么，怎样形成学生良好的学习动机结构呢？

动机的最佳结构

通过教育观察和问卷，我们发现，一个人的动机是一个多层次多因素的结合体，但在一定的情况下，总有一个因素起主导、支配作用，其他因素则居于辅助的地位，似乎存在着这样的模式：主导动机＋辅助动机。中学生学习动机常出现如下几种情况：

以某种外加刺激为主导的动机结构。如"不好好学习，爸爸要打，妈妈要骂，老师要批评"。

以满足自尊需要为主导的动机结构。如"我学习好，就证明不比别人差"。

以比较短近的与切身利益关系密切的为主导的动机结构。如"为考好，为升学，我要好好学习"。

以比较远大的具有社会意义为主导的动机结构。如"为中华之振兴而学"。

以较浓厚的志趣为主导的动机结构。如"我有志趣于航海，所以我要发奋学习"。

上述五种情况，在学生身上都有所反映，都能起一定的作用，只不过随地点、时间发生变化罢了。

事实证明，最佳动机结构应是以正确的高尚的社会道德动机为指导，以发展志趣为主体，以其他动机为辅助的多因素多层次的动机系统。

为什么以发展志趣为主体呢？

据林德格伦的研究，获得好成绩的各种因素的百分比分别是：好的学习习惯占30%，智力占15%，兴趣占25%，家庭影响占5%，其他占25%。学习失败的各种因素的百分比为：缺少努力占25%，缺少兴趣占35%，个人问题占8%，其他占32%。这表明，兴趣是学习成败的重要因素之一。

教育大家有许多关于重视兴趣培养的名言。孔子说："知之者不知好之者，好知者不如乐知者。"卢梭认为教师的职分"不在于教给儿童以种种的学问，而是要启发儿童的学习兴趣"。当代心理学家皮亚杰则认为兴趣也是基本的情感之一，因为"兴趣，实际上就是需要的延伸，它表现出对象与需要之间的关系"。他指出，"兴趣是能量的调节者。它的加入便发动了储存在内心的力量，足以使工作具有兴趣，因而使它看起来容易做而且能减少疲劳。"他进一步指明，兴趣又是"一个价值系统"，它与行动的目标相联系，能支配内在的力量，促成目标的实现。可见，兴趣是指向学习功课本身，具有内在动机的性质。"最好的学习动机莫过于学生对所学的材料本身具有内在的兴趣，有新发现的自信感"。

但是，兴趣只有在与志向相结合时，才能表现为兴趣的高级形式，成为自觉的兴趣，在动机结构中占主体地位。

这是因为中学生的兴趣特点常表现为易触发而难稳定，易广泛而难集中。班主任的任务是通过各种途径，让学生既有直接兴趣，又有间接兴趣；既有广泛兴趣，又有中心兴趣，并积而成志。然则，志趣的形成有个过程，但又不能坐等，况且中学生特别中等生，较多地表现为直接兴趣。于是，激励的重任责无旁贷地落在班主任肩上。

激发动机三新法

新奇法

每门功课都蕴含着兴趣。教材中的每一节、每一课、每一页都有新的知识、新的概念和新的规律。特别是概念、原理、定律、法则的相互联系和因果关系,都能使学生不断地产生意向,引起强烈的好奇心和浓厚的兴趣。教材本身是学生提高认识的兴趣之源。可惜的是,教材中这种新奇性常被教师忽略了。老师习惯地认为:"学习是个苦差事,哪有那多有兴趣的东西。"这样,教材的兴趣被阉割了。从这些老师口里讲出来,便变成了干巴巴的,不带任何情感的东西了。

我们必须充分认识教材的兴趣性,这样,才会千方百计地通过适当的教学方法发挥它,把知识性、科学性和趣味性完美地结合起来,寓兴趣于知识之中,让学生在新奇中兴趣勃发,在勃发中生动活泼地学习。

一次学生把"权变"解释为"权力变化",错误是明显的。怎样使学生在兴趣中理解"权"的多种义项呢?径直告诉是一个方法。但抄解释抄多了，学生便腻了，就不新奇了。我变换了一下，说："权的本意是什么？谁知道？"大家被问住了。我说，本意是秤砣，因为把它放在秤杆某一点上，就能确定物体的重量，所以引申出"权力"的意思，即一种支配决定的力量。什么是"权变"呢？词典上说"因事因时而变通处理"，学生又对"变通"费解。我讲了一个小故事，学生便大悟了。有一次，孟子的学生万章问什么叫"权"，孟子解释说："嫂溺，援之以手者，权也"（《孟子·离娄上》）。嫂嫂掉到水塘里，弟弟用手去拉她，就叫"权"。学生嚷，这是应该的。可他们哪知道，在封建礼法里明文规定，"男女授受不亲"，男女之间是不能拉手的，不能接触的。但在落水的特殊情况，可以例外用手去拉，这就叫"变通处理"。这样一讲，学生不仅懂了，而且有学生说，文字好有味呀，我明儿得去搞文字研究啊！

有时，我反问自己，能每节都讲出兴味吗？实践表明，只要肯下工夫，肯维新，总是可以从教材中挖掘兴趣，以寓之于乐，启其蒙而引其趣的。

新巧法

学习需重复，要练习，早为人公认。19世纪德国哲学家狄慈根在其《论逻辑书简》一书中，提出了"重复是学习之母"的名言。事过一个世纪，前苏联著名教育实践家苏霍姆林斯基警告教师说："可是，善良的母亲常常变成凶狠的后娘"。事实上，"凶狠的后娘"在我国学校里到处可见。学生被困在教室里，一遍又一遍地读、背、记、算、考。学生不堪双手塞耳埋头背诵之苦，不但厌学，且习得为万事应付的不良品行。

这是为什么呢？坐过长途火车的人都有这样的体验：那单调、重复的车轮声，最容易催人入眠。19世纪俄国生理学家巴甫洛夫告诉人们：对大脑半球的某一区域进行孤立的、持久的刺激，必然会使人处于昏睡状态。这科学的道理，启示着我们，在重复学习时要讲究重复之中有新的东西，有巧的安排，要寓重复的内容于新巧的形式之中，以符合大脑"兴奋与抑制"的转化规律。

讲究重复学习内容的巧妙设计，这还只是在形式上的变化，更重要的是新巧在"无为而治"，给学生以自由学习的时间。爱因斯坦在科学史上是一位伟大而奇特的人物。这个旧教育制度下的差等生，却在科学上创造了奇迹。正是他的这一奇特经历，使这个伟大的科学家在教育上也有独特的见解。他认为，研究问题的神圣好奇心，"除了需要鼓励外，主要需要自由，要是没有自由，它不可避免地会夭折……即使是一头健康的猛兽，当它不饿的时候，如果有可能用子强迫它不断吞食，特别是，当人们强迫喂给它吃的食物是经过适当的选择的时候，也会使它丧失食吃的习惯"。多么深刻的见解，多么贴切的比喻，难道不引起我们觉醒吗？

新星法

当人们把目光投向群星璀璨的夜空时，总企及看到新星；当学生进入学校时，总盼望自己获得成功。这种希望得到成就的心理是一种强大的动力。一方面赢得自身在集体中的地位，另一方面又可以满足自尊的需求。我们常看到，新来乍到的学生个个都表现出高亢的学习积极性，但过了不久，有的落伍了，颓唐了。一问，成绩不好，且一再努力，还不好，于是便放弃了那一门学科，从而在班上扮演失败的角色。遇到这类学生，教师常指责其"不刻苦""没有意志"。可是，意志、刻苦对于一个稚嫩的学生来讲何时为饱和了呢？真难以设想。

社会心理学指出，学校成员不应当固定地扮演一种角色，而应在不同场合扮演不同角色，才能有利于师生的发展。教师特别是班主任在学校里扮演的角色可多了！或导师，或慈父严母，或管理者，或纪律警察，或医生，或心理学家等等。因此，教师生活十分有意思，才会大有用武之地。一个好的老师，善于扮演不同的角色，便身心愉快，成效显著。相反，如一味地教知识、教书，那么，教师本人会日益烦恼，不安于教师的职业，自然前途也不大。学生呢？倘若只以学习者特别以失败者的角色出现，同样会抑制学习兴趣，使智能狭义化。教师应创造情景，让他们以新的姿态出现，就能改变角色固定的消极影响。

设计一次"假如我是……"的活动，让学生展开想象的翅膀，担任某种社会角色，该如何做。便能使一部分学生因这个角色改变，而感受到生活的意义，进而激发学习的兴趣，激发动机。

又如班干部，受习俗影响，这些小干部也是"三年一贯制"——一当就是三年。这做法，也是角色固定，既不利于干部的发展，也不利于班集体的发展，还埋没人才。如能来个"值日班长制"，让每个学生值日时当班长，接受锻炼，间或改变失败者角色的地位。

还比如，开展一次评选新星的活动，发动学生推荐出各学科、各项爱好中有新成绩者，并美其名。在授予名称时，播放群星璀璨的歌曲，那样，学生简直陶醉了！

成功 = a^{mn}

从"要我学"到"我要学"显然有个过程。它起始于"要我学",发展到"我要学"。一旦学生处于"我要学"的高级形态,发展便有成功的可能。"我"——这个个体要有一定的基础,要有学习的准备,表现为二:一是生理发展基础;二是足够的经验背景。这个基础,可以用 a 来表示。麻烦的是,虽是同年龄的学生,但基础仍然千差万别。而班级授课制又难以解决这个问题——这大概是这个制度受批评的原因吧!

在此基础之上,要讲究开发智力,培养非智力因素。智力用 m 来表示,非智力因素用 n 表示。现在一般认为智力主要包括观察力、记忆力、注意力、思维力、想象力等五个方面。近几年来,我国已重视智力的培养和开发,但非智力因素的培养却被忽视了。从狭义层面上讲,非智力因素主要包括动机、定向、引导、维持、强化等一系列的相互联系的作用。"从国内外许多名人材料的分析来看,可以得出这样的一个公式,即:在其他条件相等的条件下,一个人的成功=智力+非智力因素。光有智力不行,光有非智力因素也不行,要二者有机地结合起来,才使一个人获得成功。"

如果把基础、智力、非智力因素三者用一个公式统一起来,我以为不是简单地加起来,而应写成成功 = a^{mn}。

教学法

三步教学法

"教学质量是学校的生命线"。怎样保住生命线呢？流行做法，一是要求教师加强对学生的管理，所谓"严是爱，松是害"；二是加班加点加作业，白天上了九节课，晚上还要上两节有辅导的自习课，然后布置作业。每每看到学生疲惫不堪的样子，我在心里呐喊："这哪叫育人啊！简直是坑人！"

传统教学的根本问题在哪里呢？通过听课、观察和归纳，主要表现：①教师是知识的拥有者，学生是接受知识的容器；教师采用讲授或其他教学方法，将知识灌输到容器中去。②教师拥有权力，学生只能服从教师；课堂上必须遵守教师具有权威性的规则。③教学中师生之间的信任极少；管理学生的方法是让学生时时处于恐惧状态中，所谓"要让学生怕人"。④教学中学生独立的人格不受重视，民主的价值观事实上受到践踏。从这些特征中可以看出，传统教学的根本问题是师生之间的不平等。在这种不平等的条件下，即使再加班加点加作业、再加强管理、教师再具有高超的教学技能，也难以达到提高教学质量的目的，反倒会加剧学生厌学、畏学之情绪的日益增长。因此，改革教学，首先要改善师生关系，建立人格上平等、教学上民主的师生关系；其次要相信学生能力，倡导学生自学，从而培养有创造能力的人；第三要改变教学模式，让学生从被动吸收答案转变到积极探索，从背诵答案转变到主动了解问题，从单一学习转变到多重学习。

为此，我们创造了三步教学模式：

表7：三步教学模式

步骤	教学程序	施教说明
第一步 一般20分钟至30分钟	组织教学	保证教学的正常秩序，引发学生的学习兴趣。
	复习提问	提问上节课难以掌握又与本课密切相关的知识和技能。
	导入新课	既要言简意赅，开门见山，又要设法引起学生对教材内容的浓厚兴趣。
	出示"自学提纲"	课前已誊印或写在小黑板、幻灯片上。
	学生自学	事先统一记号，如基本概念画"——"，重要词句划"……"，不理解的内容画"？"。每自然段的大意加眉批等，根据"自学提纲"写出读书笔记。
	巡视辅导	注意对差生的辅导，了解自学进度和教材内容掌握情况，以便在第二步有的放矢，对"症"施教。
第二步 一般10分钟至15分钟	组织讨论	(1)讨论方式主要是同桌或前后桌的同学互相讨论。
	提出问题	(2)提倡深追细问，质疑问难，让学生自己去发现问题。
	教师／学生	(3)学生通过自学普遍掌握的内容教师不用讲，学生不讨论。
		(4)大多数学生理解的问题，教师提问，让学生回答，教师再加以修正、补充。
	讨论	(5)学生自认为已懂，而实际理解不深的内容，让学生讨论，以加深理解。
	引导启发	(6)学生提出的一般问题，可立即解答。关键性的重点问题，不要求解答，而是给予启发，让学生继续讨论。
		对绝大多数学生难以理解和比较抽象的知识，在深入讨论的基础上，教师抓住重点和难点，及时点拨、讲解。
	小结	对新知识加以分析、综合、抽象、概括，使之规律化、结构化、系统化。
第三步 一般7分钟左右	分发练习	练习题目类型主要是选择、填空、填图等，可分为基本是(A)组、综合题(B)组和提高题(C)组，并按由简到繁，由浅入深的顺序进行。
	做练习	做练习时要求不看书，不看提纲和笔记，按时独立完成。
	巡回辅导	教师走下讲台，帮助学生排疑解难，使学生顺利完成"课堂练习"。
	评讲练习	对练习进行讲评，公布答案。
	纠正错误	学生随堂纠正错误，并分析产生错误的原因，以强化认识，掌握规律，然后将错误记在"知识病例卡"上。
	收交练习	课后由课代表完成。
	抽阅练习	教师抽查部分练习，重新批阅，了解教学效果及遗留问题，并对练习中反馈的信息，进行分析研究，修正自己的教学计划。

由上表可知，三步教学模式把课堂教学分为三步进行：

第一步（辅导自学阶段），这是在教师主导作用下学生独立认识事物及规律的教学环节。本阶段主要要求学生利用"自学提纲"，通过阅读教材、观察教具或实物、自己动手实验等，学习本节课的知识，并写好读书笔记，同时发现阅读中的疑难问题。对阅读的要求是：以看为主，自行默读；由快到慢，先粗后细；眼、脑、手并用，读、思、写结合。这个教学环节重点培养学生的自学能力。

第二步（讨论小结阶段），这是检查自学效果的教学环节，是课堂教学成败的关键。要发挥教师的指导作用和利用同学之间互相帮助的力量。该阶段要鼓励学生独立思考，敢于发表不同见解，广泛展开讨论。通过讨论小结，还可逐步培养学生的口头表达能力和书面表达能力。同时在教师的启迪下，使学生深入理解教材，实现由实践到理论的第一次飞跃。

第三步（巩固练习阶段），这是课堂教学的继续，也是帮助学生理解、消化、巩固知识不可缺少的重要环节。通过该环节，实现由理论到实践的第二次飞跃。该环节主要有两个目的：一是通过解题将已学的知识和技能付诸实践，在应用过程中检验自己所得知识的深广度，并及时补充、完善；二是训练观察问题、分析问题、解决问题的能力。同时还要训练学生书写的规范、准确及速度。

综上所述，三步教学模式分教师活动和学生活动两个部分，其指导思想是，强调学生是学习的主体，重视教师的启发和引导作用，把落实双基与培养能力，统一要求与个性发展有机地结合起来，真正实现课堂教学的四个转变：一是变"课堂"为"学堂"，把以教师为主转变为以学生为主，突出一个"学"字；二是变"学会"为"会学"，不是单纯学习文化知识，还要掌握学习方法，突出一个"会"字；三是变"被动"为"主动"，让学生在"读、想、说、结"中主动获取知识，突出一个"动"

字;四是变"一刀切"为因材施教,分类推进,统一布置与个别辅导相结合,突出一个"活"字。

小小组教学法

当代有三大重要理论,这就是信息论、控制论、系统论。这三大理论正在敲着教育学科的大门。我们不能拒之于门外,而应该"蓬门今始为君开",把这三大理论运用于教育科学当中去。课堂教学是向年轻的一代传递信息,"传道授业"就是一种信息传递。人类早期传递信息的手段是语言,后来随着文字的发明,就主要靠文字。教育发展的过程也是这样。在古代,实行的是个体授课制,一个教师面对一两个学生授课。从信息的传递角度来讲,它好在师生之间有问与答和讨论,既有信息输出,又有信息反馈,这当中使得师生的思维都处在积极的状态,但致命的弱点是极不经济,一个教师在同一时间内只能教一两个学生。到了16世纪捷克教育家夸纽斯在前人不断实践的基础上,实现了班级教学制重大改革,它的优点是教学的集约化,极大地节省了教师的数量。但从信息的传递的角度来讲,却只有教师的信息的输出,没有学生信息的回路,借图来表示可为:

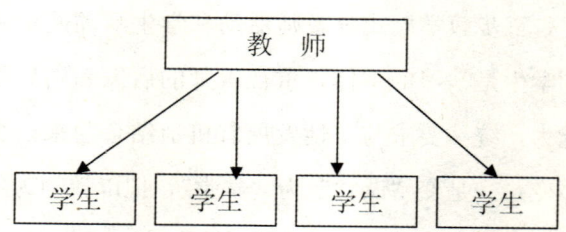

这种教学独占了教学史很长时间,后来教师发现了它的不足,寻求改进方法,采取提问等方式,求得信息的反馈,借图来表示可为:

但是,问题又来了,在同一时间内教师只能和一个学生交谈,其他学生则显出无所事事的情形,尽管我三令五申要全班学生"注意听",但大多数学生在观望中浪费了时间。于是,我搞了小小组讨论教学法的实验。这个方法是把学生分成四人一小组的小小组(不按智力高下分组,而是混合编组),教师和学生一起,用讨论的方法来组织教学,借图可表示为:

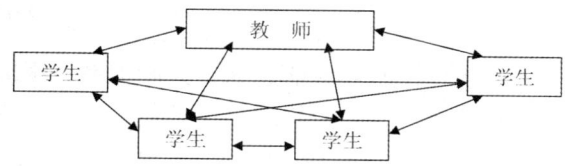

这种多向信息传递的形式,我们称它为立体结构。实施小小组教学法一般的程序是:

自读质疑阶段。学一篇新课文,全班学生在教师简要指导下自读课文,把自读的体会在天地头做扼要笔记,并提出自己不理解的问题,包括字、词、句、篇。这一阶段,以自读为主,自我教育寓于其间。

交流讨论阶段。以小小组为单位,交流自读的初步体会,提出问题,进行讨论研究。要求问题要集中,不要面面俱到;讨论中要以课文为依据,不要节外生枝,学会记录讨论中的要点,不要光说不记。

点拨整理阶段。将各小小组的主要问题归纳起来,由教师加以点拨,并再由学生整理出学习这课的笔记。

推行小小组教学法有哪些理论依据呢?

(一)人生活在一定的社会中,一个班级就是一个小社会。在这个小社会里,同学们之间相互关系如何,以及由这种关系产生出来的气氛如何，对于教与学的关系至关重要，它强烈地作用于教学过程。而学生有对于这种关系和气氛拥有强烈的兴趣，小小组教学法便适应这种关系、气氛和兴趣。

（二）学生的学习活动，是通过语言、文字、符号、气氛等刺激，由视、听分析器把兴奋传到大脑皮层的语言中枢，形成优势兴奋灶。优势兴奋灶一经形成，能将皮层其他兴奋点的兴奋性吸引过来，使自己的兴奋灶的皮层区具有良好的应激机能，条件反射容易形成，工作能力较强，效果较好。怎样形成优势兴奋灶呢？经验表明，仅靠语言、文字、符号的刺激是不够的，且刺激多了，就引起单调的感觉，单调则容易引起疲劳。如若注重人际关系、气氛和兴趣等方面的刺激，倒是能使优势兴奋灶形成并持久。小小组讨论研究就能达到在人际关系、班级气氛和兴趣等的刺激，这是因为：

（1）小小组成员本身的认知结构不同，性格各异，当出现问题情境时，理解各异，产生"歧见"，能引起兴趣。

（2）同学与同学在一起，心理相融，几乎没有什么权威，没有地位差别，容易造成心理安全和自由感。

（3）小小组人数少，反馈及时，且形成信息交流的主体结构。

（4）容易形成问题情境气氛。这种气氛对每个小组成员都起着暗示作用。而人是可以暗示的，暗示就是无形的教学。

（三）人都有取得成就的需要。我曾调查全班学生，他们无一不说自己想学好，想有好成绩；而之所以有不想学者是因为失败，屡次失败才不想学，占不想学的80%；一旦学得好，就产生积极性，小小组讨论研究，就为想学者提供创造成绩的充分的时机，不至于自尊心在全班面前受到伤害。

长时间运用小小组教学法，可将其功能用图表示：

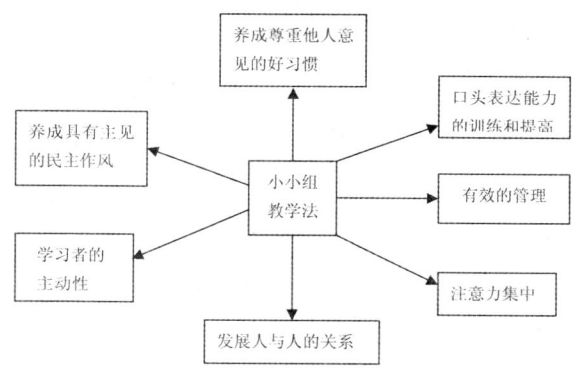

但是,实验小小组教学法常难以坚持下去,原因是:

(1) 长期以来是班级授课制在教学中占统治地位。

(2) 讨论研究所花时间多,与课时有限存在矛盾。

(3) 实验小小组教学法的方法极其复杂,待摸索的规律多,难以取得进展。

(4) 教师摸索它,学生学会它,都需要时间和方法。

尽管如此,只要坚持下去,一年、二年、三年,教师的指导艺术更娴熟,学生也会习惯成自然。

值得深思的是,学生相当喜爱小小组讨论。

比如学王勃的《送杜少府之任蜀州》,当学到"儿女共沾巾"一句时,我挑起"矛盾":"到底是'儿女'在哭,还是谁在哭?"然后参加小组讨论。下面是讨论实录:

生一:"沾巾"是哭的意思,"共沾巾"就是都哭了。"儿女共沾巾"当然是儿女都哭了。

生二:你们看诗嘛,是写作者送杜少府,应该是他们在分手的路口,是作者哭,不是"儿女"哭。

生三:把上下句联起来看,应该是我们不要在分手的时候哭,但,

"儿女"又怎么讲呢?

师:"儿女"在古代指儿女之情,就是青年男女之间的那种感情。不是你们理解的现代的"儿女"意思。虽然这样,"儿女"在这儿做什么成分,还得我们去弄清楚。

生二:是不是像青年男女分别时那样哭哭啼啼的。

师:想得不错,你们把整个两句诗联在一起译译看。

生二:我们不要在分手的路口,像青年男女分别时那样都哭哭啼啼的。

生四:那"儿女"是什么成分?

师:是呀!这样一来,"儿女"是什么成分呢?

生一:这里主语我们省掉了,"沾巾"是谓语,用在谓语前面的"儿女""共"——都应该是状语。

生二:但"儿女"是名词,可在这里……

生四:是名词作状语。

师:对!很好。这就是文言词语的活用现象,名词作状语。

像这样有疑问,有迷惘,有争论,有惊讶,有收获的多向信息交流,宛如心灵的立交桥,大大地激发了学生的学习兴趣,集中了注意力,培养了思维能力,锻炼了口头表达。

自由拟题作文实验报告

怎样有效地提高学生的作文能力,这是语文教学中重要的研究课题之一。

要研究,首先就得调查。我们曾在初中三年级的一个班(45人)中,进行了一次关于作文教学的调查。调查的结果是,愿意自由命题作文的有30人,占全班人数的66.7%;愿意命题作文的有7人,占全班人数的15.6%;这两者兼之的有6人,占13.3%;愿意自由命题但又怕应付不了中考者的有2人,占4.4%。学生李为东说:"我之所以喜欢自由命题作文,是因为感到有东西可写。有写的就不怕,不怕就写得顺心,因而得分也不差,反过来又促使我更爱写作文了。"邓七一同学说:"自由命题可使思想活跃起来,让我在记忆的长河里寻找那有意义而又最熟悉的事来写,比较真实。"叶志卫同学在写一次由老师命题的《树人的人》的作文时,开始搞不清是什么意思,也摸不准写什么题材,症结在于不理解"树人"的含义。大约想了半节课,才突然想起了"十年树木,百年树人"的成语,总算猜到了题意,但浪费了时间。他说:"命题作文往往叫我无材料可写。即使想写好,也力不从心,只好硬凑、乱编,无形之中染上了说假话的恶习。"在调查中,我们还对学生在作文时最感到

"头痛"的问题进行了解。由教师出题,学生觉得没啥好写的有 21 人,占全班人数的 46.7%;不会开头的有 18 人,占 40%;选材困难的有 9 人,占 20%;难于结尾的有 5 人,占 11%。从这些情况表明,学生大多数喜欢自由命题作文,他们怕作文的心理是教师命题和学生无材料可写的矛盾所造成的。

如何解决这种矛盾呢?叶圣陶先生指出,"打破一些习惯势力造成的框框","一说作文,咱们往往不期而然地会让学生写《春雨》《秋霁》之类的散文,或者《为实现四化而努力学习》之类的议论文。"朱德熙教授曾指出,"学校里一向都实行命题作文,就是教师出题目,学生根据题目挖空心思地去想一些内容来写成文章。"

我们认为,要打破这种旧框框,适应学生的要求,随着年级的升高,多写些自由拟题作文是必要的。

众所周知,教学艺术是讲究创造学习的诱因,这种诱因是使人去做某件事的原因,心理学称之为动机,或曰激励,它能把人的精神力量鼓动起来。动机有强有弱,也多种多样。欲使动机得到强化,成熟的教师往往从各个方面创造条件,使几种动机共同起作用,以形成一个"动机的结合体",达到提高教学质量的目的。自由拟题就是达到这个目的的阶梯。这因为,自由拟题作文再不是"突然的""老师强加给他的",而是学生有准备的、自己的举动。过去那种被动、消极的穷于应付的困境,一改为主动、积极的地位了。他自己就得思索了,就得积累素材了,就得安排打腹稿的时间了,甚至于连走路也得留心观察有没有值得自己写作的材料了。这种主动、积极的学习状态,是我们教师梦寐以求的;但是,只有创造条件给予训练,才能出现这种局面。如果老不放心,老怕学生主动、积极不起来,而采取总是"抱着走"的训练方法,是不可能出现这种局面的。一旦学生主动了、积极了,那么它就会成为动机取之不尽,用之不竭的源泉。

心理学家研究的结果指出，人的需要可分为五个层次，其中第四个层次是自尊的需要，是希望自己受到社会的承认，受到别人的尊敬。换句话说，在人的心灵深处，都有一种根深蒂固的需要，这就是希望感到自己是一个发现者、研究者、探索者。而在青少年的精神世界中，这种需要则特别强烈。但是，如果不给它提供表现的时机，那么这种需要就会萎谢，随之而来的是对知识兴趣的熄灭，有的甚至于会感到人间的冷漠而产生悲观失望的情绪。让学生自由拟题作文，恰恰适应了这种学生心理上自尊的需要。学生们怡然感到，老师把自己当做"成人"一样看待了，"我要写好作文，以对得起老师的看待（学生语）"。显而易见，学生的作文动机又得到了加强。

迁移规律是教育心理学重要规律之一。迁移是指已经学得的东西在新情景中的应用。迁移有正、负迁移之分。所谓正迁移，表现为一种知识技能的掌握能促进另一种知识技能的掌握；负迁移则是指一种知识技能的掌握干扰了另一种知识技能的掌握。欲实现正迁移，一个基本条件就是在教学时使学生处于良好的心理状态。自由拟题作文作为教学民主的一种形式，它能诱导学生亲身介入；而个人的最好状态就是刚好不至于使学生产生灰心失望的那种窘迫感觉。学生在写作文时，不感到灰心失望，不处于窘迫的状态，那么，他身心愉快，就能高兴地去写作文，这样做可以使他的写作心理处于最佳态度，而这种心理状态，正好能促进学生实现正迁移。

因材施教是一个重要的教学方法。一个班四五十个学生，他们在各个方面都明显地存在着差异（这点学生都清楚）。因此，任何命题，对于气质不同的众多学生来说，都在一定程度上束缚着形象思维的自由驰骋。一般来说，教师命题，往往求适中，这样，高者削平了，低的拔高了，二者都苦不堪状。我们教育出来的佼佼者甚少，就吃亏在这种"一刀切"的、最省事的教学方法上。而自由拟题则可使每个学生按他自己的情况来确定作文的题目、内容、范围、体裁、长短,各得其所,提高必快。当然,这就麻烦多了,更需要老师倾心地,不辞辛劳地逐个指导。

综上所述,我们完全有理由在学生中实验自由拟题作文训练的方式,更何况初中三年级的学生已经初步掌握了一些写作知识和技能。

于是,我们在初三(1)班进行实验。实验之初,我们向学生一五一十地讲了上述调查的结果和进行实验的理由。接着提出了实验的具体要求。

(1)每九天交一篇作文。在这九天之内,随便哪天交都可以。

(2)自拟题目,写自己所见所闻、所感所为。

(3)平时留心观察、积累材料,不临时应付。

(4)按大纲要求,初三上学期作文训练体裁是记叙文和议论文,因而,作文以这两种体裁为主。

(5)在观察生活和打腹稿的过程中,思想偶显火花,自己抓住了,但又拿不准的,或者想不透的,可翻阅资料,亦可找老师商量,交换意见。

经过一学期的实验,有以下可喜的收获。

首先,作文篇数,多的16篇,少的9篇,绝大多数是12篇。

其次,绝大部分学生掌握了在记叙中有议论和抒情的表达方法。就在实验的这学期的期中考试中,命题者出了一道小作文题:"根据平时观察所得,写一段话。要求运用记叙与议论或抒情相结合的方法,做到记叙具体生动,议论或抒情有感而发。"结果全班都达到了这个要求。学生还能写出观点明确、条件清楚、语句通顺的议论文。

第三,自由拟题打开了思路,同学们思想活跃了,作文内容广泛了。列举作文题目,就可举一反三:有谈古论今的《为何食言而"相忘"》《中华希望在哪里》;有评论时弊的《谈见义勇为》《一家医院,两样面孔》;有参加人生意义讨论的《后悔,不属于我们》《嫉妒——无形的敌人》；有交流学习体会的《要合理安排时间》《多读——学好外语的途径》；有歌颂老师、父母、兄妹的《我们的化学老师》《悠悠慈母心》；有自我解剖的《忧己》《羡慕，你何时中止》；还有写家庭生活的《爸爸，您快戒烟吧》《父教子》等等。总之，涉及面之广、生活感之强、立意之新，是从所未有的。作文内容，略举几例，以见一斑。如《为何食言而"相忘"》一文，历数陈胜、李自成等农民起义的领袖，举大义时，慷慨陈词："苟富贵，勿相忘。"入京称王后则食前言，酿成起义失败，从而得出历史教训：永远真正地和人民在一起，才能有始善终。又如《他们哪里去了》，从路途所见流氓逞凶、无人过问谈起，动问"见义勇为之士哪里去了"，接着分析这种现象产生的社会根据，有见解地认为社会主义精神文明的建设迫在眉睫。而现在学生们的语言表达能力都不同程度地提高了。我们常说学生作文词汇贫乏，颠三倒四，总是那几句话。

同时，自由拟题也带来了作文词汇丰富的硕果。众所周知，以语言为例，词汇分积极词汇，即一个人经常运用而熟练的词汇；消极词汇，即储存在脑里，不善于经常运用的词汇。一个学生当他在思想上受到命题的束缚时，往往储存在大脑里的消极词汇是不可能转化为积极词汇的；而一旦打破桎梏，就能加速这种转化。换言之，思想活跃是提高语言表达能力的前提之一。自由拟题恰好带来了思想活跃，因而学生平常通过各种渠道而储存的词汇，这时不再潜伏在脑子里了，它通过联想（思想活跃）而连珠般地涌出来了。这里录下谢聪同学《我找到了她》一文的前段为证：

"走进熟悉的教室，咦？这不是春天，怎么百花盛开，蜂飞蝶舞？这不是炎夏，怎么绿树成荫，柳青荷翠；这不是良秋，怎么硕果累累，金黄一片？这不是严冬，怎么红梅傲雪，松柏滴翠？呵，这也许是幻境吧！但定神一看，哦，这原来是咱班新近举办的书画展览。"

第四，作文差的学生其写作兴趣提高了。作文动机弱的学生，往往是由于命题作文的统一要求和限制所造成。对学生作文的要求必须根据每个学生的实际情况而定，而不能一刀切。老师统一命题，只能照顾中等水平，结果上等的乏味了，下等的害怕了。而自由拟题，每个学生可根据自己的情况定出自己的写作内容，不至于因过高的要求而丧失写作兴趣。学生何凌作文较差，在实验过程中，在老师的单独指导下，从身边写起，也能写出较好的作文，如《生姑娘划得来些》。

最后，批改作文成了教师的一种享受。由于思想活跃、内容丰富、文章又各具作者个性，所以，在批改时，教师每读一篇，如同跟学生在倾心交谈，乐滋滋的。有时，还情不自禁地推荐给其他教师鉴赏。

当然，在实验过程中，也遇到种种问题。自由命题并不等于放任自流，还是要加强引导。我们引导的方法主要有如下两种。

一是给学生创造条件，使他们占有材料，解决"没啥可写"的困难。在与学生的接触中，发现他们喜爱在作业本和书面上画头像。于是，我们因势利导，在班上举办一个"百花齐放"的书画展览，动员学生把自己拿手的书画和手工艺品（如剪纸），张贴在墙报上；教师也以身立教，用篆体和钟鼎文在墙报中央和两边，分别写上"百花齐放"和"天边幽鸟鸣相和""月下游鱼乐自知"。不到一周时间，同学们便用自己的作品，把墙报装饰一新，真是琳琅满目，有的贴上了山水画、有的贴了隶书诗词、有的镶上剪工精细的花边、还有点缀的幽默画……这期间，学生们心里热烘烘的。在这种情况下，我们布置作文，引导学生写这项活动，果然好作文不少，如陈蔚的《一张没画完的画》，写了自己受书画展览作品的感染，几次动笔作画，但因基本工差，终未能成画。他由此联想到"四化"这幅大画，如不打好基础，岂不也成幻想了吗？立意新颖，寓意深刻。

写论文要发自内心，最好的题目是两边对驳，才能日见长进。我们也常听见学生之间争议这，争论那。能不能让学生公开谈、笔谈呢？这不是训练议论文最佳方法之一吗？于是，我们又办了一个"百家争鸣"的专栏，先由老师讲"百家争鸣"这个成语的典故；接着动员学生从自己的生活出发，一事一议，有感而发；还可以谈自己理解不透的问题，征求同学解答；也可就某一问题发表不同意见，进行争论。开始，一个学生写了篇《由搭车所想起的》，说自己上学搭车难极了，绘声绘色地描述了一番，接着探究其原因，发现是车太少了，而车少是因为我国太贫穷了。同学们看了这篇文章，议论开了，相继贴上不同意见的作文。有的说，车少是个原因，但还有公共道德的问题，他列举亲自看见的事实，证明了自己的论点。有的指出，搭车难是人多造成的，而人多是因为50年代不听马寅初先生的理论，不搞计划生育所造成的，他还把报纸上的材料用上了，从历史的角度分析了这个问题。还有的说，搭车难还因为管理无方，为什么不错开上班时间，为什么不就近分配工作……这情景，倒有点儿"指点江山，激扬文字"的味道。道理愈辩愈明，作文越写越好，思想教育也就寓在其中了。事过之后，一些学生翻阅墙报上的作文，惊讶地说，"嚯，不知不觉，一下子都做了三篇。"是呀，这样作文，再不是硬写，而是有为而作，难怪学生觉得写起来如同从心里流出来一样。

二是指示内容、范围，不定题。学生朱怡青的一篇文章在《中学语文教学》上发表后，收到了省内外许多读者的来信。这样，我们班就和一所农村中学建立了通讯联系。一次对方来信，问外语怎么学。我们在班上宣读了这封信，并要求外语学得好的学生根据要求回信。高蕴绮等就此回了信，谈得很有见解。又如他们来信问武汉怎样，学生知道了，有的写了《武汉导游》，有的写了《假如你到我校来》，还介绍了来往路线，写成一篇比较好的说明文。又如逢年过节，我们就倡议给老师写感谢信。如此种种，都使学生摆脱了为作文而作文的困境，增强了作文的实用性，从而提高了学生的作文水平。

在搞实验的这一学期,我们还作了三篇命题作文。这因为,命题作文尽管有缺陷,但它仍不失为作文训练方式之一,它有自由拟题所不能代替的作用,更何况,学生毕业后参加实际工作,也常常碰到命题作文的情况。我们还认为,并不是每个年级每次都自由拟题,而是随着年级的升高,多搞些自由拟题。当然,更不应该走极端,非此即彼,而是使自由拟题和命题作文这两种方式和谐地配合起来,提高作文教学质量。

作文评讲、指导,我们采取的方式有二。一是寓评讲、指导于讲读课文之中,如办"百家争鸣"专栏时,老师就讲读议论文单元,并结合作文中的问题进行讲读教学;二是寓评讲、指导于活动之中。我既是班主任,又是语文老师,因此在搞某些班级活动时,除了思想教育外,还指导作文。

由于作文在课外完成,所以上课时数增多,语文练习就安排在课内进行。这样,学生每九天写一篇文章并不感到是增加了负担,反而觉得轻松愉快。

The fourth album
第四辑

教师的自我教育

如果我能说服学生，我就能转动班级。教师说服学生的奥秘在于他的人格魅力，在于他的真诚而实效的自我教育，在于他与学生心心相应的信赖。

Jiang Zi Li
Yu

自我教育

教师要千方百计完善自我

反馈法

我在班上建立了一个"反馈本"。乍一听,真新鲜。其实,我就是给学生一个本子,逐个告诉他们:"你知道,老师喜欢探讨些教育心理现象。比如,我的言行,到底给你们什么影响,虽然从你们表情上看出些,但毕竟不准确、不全面。所以请你帮个忙,记一记自己对老师言行的心理反应。越真实越好。记烦了,说一声,暂停一下;又想记了,再把本子给你。"自然,所选的几个学生,并不是清一色的好学生,而是各个方面都有代表。一般来说,学生愿意干,即使有不从命的,另换一个就是,切莫强迫,强迫会导致学生记仇。我不定期地收来看看,接着便是自我反省。

小翁有这么一段——

这天要抽查背诵《出师表》。蒋老师一上课就说点几个同学来背背。老师说着,眼睛瞄着教室左边,口里叫着"翁——"我看着老师这样子,暗暗庆幸：坐在左边的是翁晓云，肯定不会点到我。谁知在拖长的"翁"字后边，居然冒出我的名字来。吓得我胆战心惊，一下子都蒙了——会背的课文也不会背了。

我曾十分得意自己"声东击西"的点名法，但看了小翁的反馈日记，我反省了——这种恐吓战术犯了造成学生心理恐惧的毛病。

教师常常要洞察学生，但在很多情况下却不了解自己，不了解自己的个性品质，不了解自己的教育实际效果。教师常常对学生心理的复杂程度感到惊讶，有时甚至不知所措；但忘记了自己心理的复杂性和瞬息万变的情形。教师洞察学生，是为了因材施教；教师洞察自己，是为了自我教育。教师洞察学生和洞察自己的能力应相称。教师既洞察学生，又洞察自己，让这两面镜子彼此相照，交相辉映，定能放出教育的奇光异彩。

问卷法

在带过的九届学生中，我曾先后进行过多次问卷调查。

学生一进校时，便进行调查：（1）你经历过几个班主任？（2）哪位班主任给你印象最深？为什么？（3）你希望新班主任是什么样的？

学生临毕业时，又进行问卷：（1）在和班主任相处的三年中，有哪一件事令你终生难忘？又有哪一件让你伤心不已？（2）希望班主任带下届学生做到哪几点？

学生到另一个班主任手里，还去函调查：（1）你觉得现在的班主任和蒋老师比较有哪些长处，哪些短处？（2）你认为班主任最突出的特征应是什么？

通过反复问卷，得出班主任个性品质应为10种：

1. 对教育有志趣。
2. 理解、研究学生的能力。
3. 胜任自己所教学科。
4. 创造性工作的能力。
5. 较强的表达能力。
6. 能够把握教育分寸。
7. 对自己的了解和评定。
8. 情绪的稳定性。
9. 教育机智和灵感。
10. 预见自己工作结果的能力。

学生一致认为"创造性工作的能力"尤为重要，因为"一些班主任把班上搞得太没意思了"。

从古到今，很多教育家都把教师工作看成是最富有创造性的工作。

教师的工作对象是人，人是万物中最不固定和最复杂的动物；而每一个人又拥有一个特殊的世界；且人与人之间还呈现出错综复杂的关系。对此，该需要何等的巨大的创造力才能胜任啊！

教育学就其本身来说是科学；就其方法和实际来说是艺术，是艺术中的艺术。艺术的生命在于创造，创造力枯竭能行吗？

社会发展至今，对创造型人才需求呼声日高，没有创造型教师能造就创造型的学生吗？

马卡连柯是前苏联最早提出关于教师掌握教育技巧问题的人之一，他指出，组织教育只是"指望于热心人、苦行僧、或者是积善心是不够的。"实践证实了这个论断。我自己体验到，在班级工作中，教师越是积极性过高，事事躬行，处处指示，其结果是学生的积极性越是受到压抑，独立性就越差。一天到晚盯着学生"苦行僧"式的办法，反倒会引起学生的反感；相反，少出面、少管理，讲究点科学性，却能引起学生的好感。

古今历史表明，创造力旺盛，国家兴旺发达；创造力匮乏，国家衰退没落。创造力不仅是国家兴亡的关键，而且是个人成就大小的枢纽。

奥古斯特·罗丹，曾被誉为雕塑界的"摩西"。摩西是《圣经》故事中的人物，这个名字意味着大胆、创新。罗丹之所以闻名遐迩，是因为牢记老师奥拉斯·勒考克的话："画不一定都得漂亮——但必须有生气。"并且在艺术上不断创新。

受各地同仁的抬爱，我从1982年起，先后在14个省市作报告近200场。我常在报告前，对同行说，有什么问题，写个条子，给我，我尽量在报告中作答。后来，我对568个条子作了分析，发现97%的人只问具体做法，只有1%的人问教育理念。这使我深深感到，缺乏理论思维，在同行中是多么普遍，也提醒自己要加强教育理论学习，努力理念创新。

自学

1982年武汉市授予我"模范班主任"称号，表彰我突出而有特色的班主任工作。但令我奇怪的是，为什么自己总只能教初中，而不能教高中呢？带着疑问，我询问校长卢世璋。女校长笑而不答，要我问教研组长。组长先出一个词，要我释义，我竟答不上来，组长说："你班主任当得不错，课也上得活，但功底还不够扎实呀！"我茅塞顿开，原来是我嫌文凭不够。于是，一股强烈自尊感涌上心头，决心边教边学，自学完大学汉语言文学本科全部课程。我买来课本，结合语文教学，经过几年努力终于学完。校长为了鼓励我自学，特例让我"脱产"半年，插班湖北大学中文系四年级进修。经过半年学习，所有考试均为优秀。虽未拿到文凭，但我深有体会地说："学而不厌当是我终生的座右铭"。返校后，学校安排我教高中，自己深感扬眉吐气，觉得自己为尊严做了一番有意义的学习！

我认为班主任是个杂家，什么都得学一点。为此，自己画了一张《教师知识结构图》，并以此为蓝图，教一辈子书，读一辈子书；把读书的心得用于教学，又把教书的困惑留给读书，读读教教，既得读书之乐，也收教书之效，岂不快哉！

读书既是自我提升的阶梯，又是自我发现的工具；读书犹如恋爱结婚、生儿育女、就职养家，是人一生中的大事；读好书容易使人心向伟大。我经常读的书籍是：孔子《论语》、庄周《道德经》、亚里士多德《伦理学》、但丁《神曲》、笛福《鲁滨孙漂流记》、米尔顿《言论自由》、惠特曼《民主主义展望》、卢梭《忏悔录》、毛姆《人性枷锁》、亨利·亚当斯《亨利·亚当斯的教育》、萧宗六《学校管理学》、林格伦《课堂教育心理学》、中央教育科学研究所编译《简明国际教育学科全书》、李秉德《教学论》、钟启泉《现代教学论发展》、顾树森编著《中国古代教育家语录类编》、毛礼锐瞿菊农邵鹤亭编《中国古代教育史》、孙培青主编《中国教育史》《中国大百科全书·教育》，曹孚编《外国教育史》、吴式颖主编《外国现代教育史》、杨汉麟、周采的《外国幼儿教育史》、沈灌群毛礼锐主编《中国教育家评传》、王道俊王汉澜主编《教育学》、梅汝莉主编《中国教育管理史》、科恩《自我论》、布朗《自我》、许瑞祥《世界与自我》、高清海《哲学与主体自我意识》、苏霍姆林斯基《巴甫雷什中学》《育人三部曲》《教育的艺术》，陶行知《陶行知全集》、叶圣陶《叶圣陶语文教育论集》、王坤庆《教育哲学》、陈谷嘉朱汉民《中国德育思想研究》、朱光潜译《歌德谈话录》、王怡宁译《牛津格言集》、房龙《宽容》、葛兆光《中国思想史》、陈文斌《品读世界思想史》、杨荣国《中国古代思想史》、于海《西方社会思想史》、白学军等译《改变心理学的40项研究》、敢峰《人的一生应当怎样度过》、杨淳茵译《心灵鸡汤》、李镇西《爱心与教育》、魏书生《班主任工作漫谈》等。之所以不厌其烦列出作者和书名,既表示对译著者的敬意,又传达一个信息:教师应读书目。只有学而不厌,才能诲人游刃有余。

作者在江西讲学(1991年)

编书法

那天,教室里静而不宁,黑板上这段火热的话——"我和你们即将分别。在你们的毕业前夕,我请每个同学送我一份礼物。这礼物无需金钱购买,无需物质制作。它只需要用真诚来铸造,用真诚来淬火。坦率地写下吧:在这三年里,蒋老师做的那件事情令你久久不忘;又有那件事情令你伤心不已。"

像农民收获那样喜悦,我迫不及待地逐个看着。

邓七一清秀的字迹出现了——

那是一个风和日丽的早晨,我校师生徒步去东湖游泳。一路上谈笑风生,兴致勃勃。突然我发现班主任蒋老师拎着一卷席子,前后晃动着。"游泳,带席子干吗?"我纳闷了。

开始游泳了，我兴奋地扑进了水的怀抱，尽情地游着，不时地嬉戏着，真是尽情之至。然而，上岸后，筋疲力尽，恨不得马上坐下来。可坐在哪里呢？我四下搜寻着，哈，我奇迹地发现，在两棵大树之间，摊着一张席子。嗯，谁的？我想起来了，是蒋老师带的，老师，您想得真周到呀！

读着这段文字，幸福的喜悦直往外冒——"世界上最美的职业就是做一个人民教师。"

朱怡青伤心的神态出现了——

读初一时，一天清晨，我扫完走廊，正准备撮垃圾，早读铃响了，我连忙撮完，顺手把撮箕放在讲台旁边。谁知蒋老师见了干笑了两声，脸一沉，挖苦地说："是谁撮了垃圾也懒得倒，难道家里的垃圾扫完后，放在家里当神供着？"我顿时感到无地自容，低着头把垃圾倒了。本以为这事完了，哪知蒋老师还不做罢，在早读时大发议论，说什么不爱劳动是可耻的人，说什么不要以为成绩好就一俊遮百丑……听着听着，觉得莫名其妙，心里挣抗着："我哪有懒啊？我想下了早读再倒，不行吗？要说把垃圾供着，我家离垃圾箱要走七八分钟，难道撮一点点就倒吗？这岂不是把未装满的垃圾袋供着？"

这件事叫我伤心不已。老师一批评其他同学，我就想起这件倒霉的事情，心想，又和我那次一样倒霉，大有"同是天涯沦落人"的味道。

班主任经常犯这样的错误，批评学生过后就忘了，要不是小朱写出来，我早已将此事忘得一干二净！

一篇又一篇地阅览，心海波涛翻涌。突然眼前一亮，把这次学生写的内容，变成两本书不是很有意义的事吗？过了一段时间，两册自编自装订书诞生，一本名为《幸福篇》，一本叫做《警示篇》。当我懈怠时，一读《幸福篇》便振奋努力而行；当我烦躁时，一想《警示篇》便心平气和而行。

由此观之，让学生表扬和批评班主任，是班主任自我完善、教育艺术日臻娴熟的好方法。向学生"讨表扬"有点出格，但要学生批评自己却需要雅量。

班主任当久了，便烦学校要这表那表：一会要座位表，一会又要班委会表，再不就是分数表……我建议，能不能汇总，编个《班主任工作实用手册》，把常用表格收录，聚于一册，岂不既方便班主任，又利于管理？说了多时，领导不采。求人不如求自己，我便一学年一学年地清理，找出稳定的表格，自编《班主任工作实用手册》，果然方便多了。到我当政教主任时，便加些简便的工作方法，将这本手册和一学年的表格合在一起，印发给每位班主任，果然受到欢迎。哪知手册传到外校，竟有同仁纷纷索要。于是我萌发铅印的想法，对手册又作修改，选取12项班主任常做的工作，每项工作提出4～5种方法，配以表格，汇于一册。谁出资印呢？我发邀请书，约武汉城区教育局中小学科长开会，他们一看样书，纷纷订购。不出一年，省内便有人上门求索。湖北少儿出版社的莫世扬同志闻风约稿，《班主任工作实用手册》于1992年出版了。

从工作实际出发，我先后出版了的班主任工作丛书有《班会艺术尝试录》《班主任工作实用手册》《班级日志》《班主任工作指导》《初中课外活动（3册）》等7种，有效地提高了自己的班主任统摄工作的能力。

沉思法

在繁琐的工作中，班主任常常很少静下心来，深入地思考一些教育现象，处于"不思则罔"的地步，导致一些教育"常识"统治着教师的大脑，使教育至今迈不出改革的大步。

恩格斯说："的确，蔑视辩证法是不能不受惩罚的。无论对一切理论思维多么轻视，可是没有理论思维，就会连两件自然的事实也联系不起来，或者连两者之间所存在的联系都无法了解。"学校工作中蔑视辩证法的现象太多了，因而形而上学便盛行起来。如若不深入思考，往往会走极端、误人子弟。

我经常思考班主任是否对自己的职权有着一种功能光圈效应的问题。教师无不强调自己的主导作用，有时抬到吓人的高度——仿佛其功能犹如一道光圈在自己周身熠熠闪光。于是，有的班主任常在班上说："一个师傅一个法，到我这个班来了，就要听我的。"学生稍有独立的活动，便斥责："你们眼里哪有我这个班主任！"学生成了班主任身上的一串钥匙，走哪带到哪！长此下去，学生独立性被"好心""负责""躬行"扼杀了！

我又经常思考教育效果甚微的问题，为什么具有优良思想教育传统的我们，在现在的学生面前不灵了呢？比如，各校都嚷学生浪费粮食严重，但总解决不了问题。某校把学生扔的馒头收集起来，堆满两桌，左边写着李绅《悯农》诗，右边写着"请不要把馒头当石头！"让学生排队参观。谁知，一学生趁老师不在，在右边标语上画一下，标语意思全变："请不要把石头当馒头！"参观的同学开心地笑了。教导主任气急败坏地问："谁干的？"可无一人揭发。到底是学生思想坏，还是教育者形而上学猖獗呢？有时甚至猖獗到扼杀一切正义的地步，难道学生对事处于漠然置之的麻木状态吗？

我还经常思考老师的教育水平低下的问题。某校初三一个女生给男生写了5次纸条（"我喜欢您""咱们交个朋友"之类），班主任批评她作风不好。她反驳说："哪个青年男子不善钟情？哪个妙龄女子不善怀春？"班主任问："这是哪个流氓说的？"学生理直气壮地说："这是歌德说的，难道这也是流氓？"班主任十分狼狈。即使是这样的班主任，但只要管得狠、勤下班，仍然是学校的佼佼者。这种现象难道还少见吗？

我也经常用随想录的形式，记下自己对种种教育现象的沉思——

1. 教师无不想通过自己的教育、自己的学科、自己的权威、自己的方法来训练学生。目的是什么呢？毫无疑义，是使学生脱离孩子气，不再是孩子。于是，孩子的年龄特点常被忘却了。

2. 教育的对象是人，不能因司空见惯而目中无人。目中有人，不仅要目中有当代具体的人，而且还要有跨世纪的人。

3. 生学生的气，只能给师生双方的心灵都带来创伤。

4. "严是爱，松是害"，在某些时候，应为"严是害，松是爱"。

5. 没有深邃的思想，就征服不了学生的心。

6. 什么是学生身上应该经常保持的品质？欢乐、爱、诚实、勇敢、信念。

7. 与人为善，是师德的集中表现。

8. 学校试行学生自管、自学、自主，一些教师之所以反对，不是因为"三自"产生什么危险，而是教师习俗地认为，学生的自主对于教师是屈辱，"怎么搞的，我在那儿，但是无须我下命令你们就活动起来了。这样养成什么习惯？以后即使我下命令，你们也可以不服从了。"亲爱的同事，你抱怨什么呀！恰恰相反，难道我们不应该因为学生能够独立活动而感到由衷的高兴吗？

深思是创造力的萌芽。深思中，一些思想、一些被事务和常识压在下层的思想得到复活，相继涌出，形成小溪，欢畅地流淌。教育因此获得了新的经验范围，这足以使自己摆脱形而上学的束缚，不依仗权势，而靠辩证法的力量，这足以不为众人的意见所左右，超脱于日常生活的高度紧张，而靠创造力的奇功。

随记法

教师生活五彩缤纷，教育现象纷繁复杂，只要稍加留意，就会有随记的内容；只有坚持不懈，就会有意想不到的收获。笔者从教40年，共在20余种报刊发表我的豆腐块似的随记200余篇。下面两篇分别发表在《武汉晚报》和《家长报》上。

一次口角（1986年12月30日）

教杨朔的《荔枝蜜》时，曾为"蜜蜂一蜇人而活不久"动过恻隐之心。可奇怪的是，对于它把整个生命拼在对敌手的一蜇中持否定看法，却产生于和学生的一次口角之中。

那天，我刚关上门，正要讲课，门被敲响了。我有些生气，打开门，学生海海迟到了，还有些不在乎的样子。我更来气了，想"一蜇"而使他承认错误，于是我收起满不在乎的样子，拉下脸说："看你这个样子，怎么迟到还觉得满光荣？""哪个说满光荣？别说话挖苦人。"海海非但没"醒悟过来"，反驳说道。这下真使我火冒三丈，说话便失去了分寸："怎么，忘记自己是个么事（什么样的）人是吧！"他也气急了："么事人，你说呀！""你忘了，我倒记得，初一的时候，你拿了谁的东西！"霎时，海海满脸通红，无声地低下了头。

过了段时间，海海转学了，办理转学手续时，他的家长告诉我，他一连哭了几晚上，抽咽着问父母："难道犯一次错误就一辈子都完了吗？老师、大人不也犯过错误吗？老师如果这样记仇，还值得人爱戴、尊敬吗？"我无言以对，可心潮澎湃有声。

班主任总是力图通过像蜜蜂那样"一蜇"来纠正学生的缺点，于是，常常怒形于色，结果是或恶语伤人，种下师生之间的怨恨之根；或轻泄隐秘，导致人与人之间的不信任，产生冷漠感。

由此看来，班主任切不可像蜜蜂那样，"把整个生命拼在对敌手的一螫中"（培根语），否则，要两败俱伤。

老师也应为家长着想（1985年1月19日）

还没有踏进学生小刚家的门，就听见他的父亲在嚷："又要签字！"我心一紧，叩门而入，便问："签什么字？""这不！昨天签了小刚的字，今天又要签他弟弟的字，我简直成了名人。"小刚的父亲苦笑着说。是的，昨天期中考试试卷发给学生时，我曾叮嘱学生拿给家长看看，并签个名，目的是让家长知道孩子在校情况，以加强学校和家长的联系。没有想到这种做法，竟给家长带来了"灾难"，引起了反感，这难道不应反求诸己吗？于是，我们便以签字为话题谈开了。

他说："开始，小孩要签字，我蛮高兴，认为好让我了解孩子在校情况。后来，签多了，就不以为然了。特别是每背一次课文都要签一次字，甚至老师不检查，却也要我检查并签字，心里就烦了。有一次听我的两个小孩子在暗地里谈这件事，更觉得签字多了不好。小的问大的：'哥哥，今天老师又要签字，可我没考好，怎么办？'大的说：'我有经验，什么时候给爸爸签字好呢？一是看爸爸高兴时签，二是看家里来客人时签，三是明儿早上爸爸临上班时让他签。这样保证你平安无事。'"说到这儿，他苦笑了一下。从小刚家里出来，我想每次家访，都是谈学生的问题，谈家长的问题，提出这要求那希望。然则今夜却大不相同，居然从签字这面镜子里，反映出教师本身的问题了。过去，工作没有做好时，一追究其原因，我不是怨学生不争气，就是怨家长不配合。其实教育效果虽然与学生、家长有密切的关系，但与教师本人关系更大。仅以"签字"为例，就证明，教育效果的好坏与教师本身的素养是多么密不可分啊！我们难道不应该通过家访来反求诸己，加强自我修养吗？

俗话说,花香蝶自来。教师自我日臻完善,还愁学生不"亲其师,信其道"吗?

作者在安徽讲学(1992年)

学生自述法

通过三年的观察,我发现学生小罗富有理想,但是与父亲关系却处理得不好。这两种情况如何造成,又怎样变化的呢?毕业时,我请他写了一个自述材料。

罗江松的自述

蒋老师:

您说我是个有理想的青年。过奖了!其实,众多和我同龄青少年都有许多不同的理想。

我有很多理想,产生的原因却不尽相同。

小学前四年,我的理想是成为一个像庄则栋那样优秀的乒乓球运动员,当时我国乒乓球运动发达,技术在世界上可谓首屈一指。受影响我渐渐爱上了乒乓球运动,买来许多书,有乒乓球技术的,也有人物传记的,潜心阅读。不到一年,我的乒乓球技术有了很大提高,并下了决心,非要拿个世界冠军不可。

偶然,我又接触到足球。原来,我以为乒乓球是世界盖世无双的球,现在才发现足球运动比乒乓球更有意思,便减少了打乒乓球的次数,花更多的时候练足球。不过那时,还没有认为可以让足球陪伴我一生。

过了半年多,我越来越被足球迷住了,觉得非要踢一脚好球才行。吵着让父亲借来一个足球,天天踢。同时,我也很有分寸地估计自己,感觉自己的确有足球的天赋。我比球友踢球晚得多,但掌握技术却非常快,射出的球有力。虽然我是小学生,但能参加初三、高一年级的比赛;初一时,我还和建材学院的大学生混在一起比赛。这些为我树立成为一个足球运动员的理想打下了基础。

但真正使我坚定理想,是另两件事起了作用。

一天晚上,听说电视里要放国际足球赛的实况。我兴冲冲地跑到邻居家看比赛。比赛开始了,双方分别是英国甲级队诺维奇队和中国国家队。当时,我不知道中国的足球水平在世界上如何,心想,既然是英国一甲级队同咱国家队比赛,这支球队排名一定是在英国前几名的吧!没想到,诺维奇队在英甲排名竟然是第12名。好吧,既然是这样一个足球队,中国队赢来一定不费吹灰之力。想不到,堂堂十几亿人口大国的代表队,被一个不到几百万人口城市的球队打了个2:0!"好差呀!"这是我们看后发出的一声感叹,再看一看在座的每一个人,没有一个言语的。我感到自己的话有些自贬了。回家后我认真找了一些资料来看,发现足球源于中国,而建国前的水平还是比较高的,尤其是建国后,曾多次同世界劲旅交过手,有胜有负,可六七年后,技术水平大跌。我心里实在感到:足球要振兴。

另一件事是在一天早上发生的。当时我正一个人练射门,从那边走过来一位老人。看了好久，走近说："踢得好，你多大了？""13"他点了点头，说："你现在还小，是有希望的小球员。把基本功练好，长大踢出中国。三四十年代的球星孙锦顺你听说过没有？"我摇了摇头。他接着说："孙锦顺小时候就是一个人练起来的。他买了个足球，泡在机油里三天，重量增了二三倍，变得非常坚硬。孙锦顺每天用这个球练习。青年时代，他多次随中国队参加重大比赛，曾经有三次射门穿破球网。有一次与英国队比赛，他一脚远射，守门员胸前接球，球是抱住了，但直直地倒在地上，当即死亡。经医生检查，原来内胸骨竟破裂了。"听了老者的话，我不禁想到自己，难道不能学孙锦顺吗？难道不能为中国足球争口气吗？我暗暗下了决心。

可是，武汉中学操场小，学校明文规定校内不准踢球，况且父亲一再明令，不准踢球，要考大学。这样，踢球成了我的业余爱好。我真不知道自己是怎样产生想当配音演员的念头的。现在仔细想一想，只是模模糊糊地觉得该学一点作为生活中的乐趣。以前看一些外国电影，很注意配音员的名字，后来慢慢从一些报纸杂志上看到介绍配音演员的文章，才渐渐地懂得配音也是一种艺术。虽然脑子里充满幻想，但同时也严肃地思考过，我觉得处于青春岁月，不管怎样广泛的兴趣和爱好都是大有裨益的。但又为自己嗓音苦恼过。一次，我看《追捕》，除了被紧张的情节吸引外，更使我惊叹的是杜丘的配音员毕克老师的技巧，老练、深沉、吐字清楚、贴切，然后又发现，毕克的音质并不美，成功的诀窍在于有自己的风格。这样，毕克成了我的偶像，凡是他配音的电影，必看不漏；逢年过节，不管他回不回信，都要去信拜年。但我知道，不管怎样，学配音只能成为自己的业余爱好。

再往后，我有这样一个奢望：想当官。切冠以"大"字头的。有人说，小小年纪想当官，野心太大了吧。况且，政治这玩意又是那么容易搞的？的确，历史上有许多政治家都如此。今天发迹，明天说不定就掉头。可命运偏偏要我有了这样一个想法。

我的父亲是一个工作已有几十年的工人，有一次，党组织批准他为预备党员，这对父亲来说无疑是件好事。可事情却往往不让人顺心发展。由于父亲有一次和厂里的党支书顶了嘴，就"以经受不住考验"为由将父亲从入党名单上划掉了。父亲工作是出了名的，同事间关系也不错，怎么会"经受不住考验"？不就是顶撞了支书吗？有了这件事，我很气愤。心想，某些头头一句话，像圣旨、原则、党性什么都丢到脑后，只顾自己的得失，要是我……

蒋老师，不知您记得否？在您讲《醉翁亭记》时，说欧阳修39岁，写了这样的千古传颂的名篇；而您，正值39岁。说着似乎眼泪在眼睛转，顿了一下，您接着又充满激情地讲述了欧阳修与民同乐的动人情景。您知道当时我想什么吗？我感到您话外有音。从我认识您到现在，我认为您是个最称职的老师。尤其是您的教育工作魄力是非常令人欣赏的，毫不亚于某些领导，可是却发现您的工作地位毫无改变。即使没有大学文凭，或者有其他我不知道的原因，但事实总归是事实！不能因为过去而否定今天。我想，这又可能是我那些带"大"字头的官造成的。要我是……

我看过"风云人物"的传记。有的青年时代并不见有才华，但事物是发展的，他们靠努力，靠奋斗，终究成了一代英豪。

这就是我理想的变迁史。您是否认为我患了青少年常见的一种名曰"热血病"呢？倘若真如此，我该多么伤心啊！

像这样，我拥有上百个学生的自述，我便有了人生的千姿百态，对"学生"这本书就有了深入的理解；教育的难关在于掌握每个学生及其特征。

学生首先是人，具有人的普遍特性；可具体到张三、李四则是一个个鲜活的生命。当家长把一个个生命托付给教师时，这该是多大的信任和责任啊！作为教师，首先要堪为人师，对得起家长的托付；但重要的是，不仅仅是教给他们以知识，更应关爱每一个生命，尊重每个生命的人格，赏识每个生命的能力，这样才能以心灵赢得心灵，以人格塑造人格。

学生其次是未成年人，具有人的特殊性。他们好动、好争、好问、好奇、好模仿、好交友、易走极端，但个个都想成为好孩子，认识到这一点，对于教育者来讲意义重大：（1）相信人性本善良，这是教育的起点也是归宿；（2）总对其抱有希望，有希望才会有循循善诱的教育；（3）不至于因一时一事的失误或成绩不好而抱怨而放弃。"未成年人"的关键在"未"字上，他既需要我们教育，促进其成人，又代表未来，代表着祖国的希望。

第三，学生是教育的对象，但不能"对象化"。学生是教育的对象，规定了学生在教育中是客体，是受教育者的地位；也规定了教师教育者的地位。这一规定，给教育者的极大影响：一方面深感责任的重大——自己是教育方针的执行者，社会当局的代表人，教育内容的讲授者，学

作者在湖北武汉讲学（2001年）

生集体的管理员；另一方面便认定学生是自己的管教对象、听众对象、执行"我的指示"的对象。于是，"对象化"现象产生了，学生不再是学生，而是自己的下级；学生不再有主动性，只被动地听话就够了。可是，学生并非绝对听话的下级，并非无自我意识的低级动物。学生受其年龄的生理、心理特点的制约，非但有主体意识，且有强烈的指向现实、指向今天的需要，巴不得立刻得到满足，根本或很少考虑教师所要求的"明天的需要"。于是，教师的"面向未来的要求"与学生"面对现实的需要"矛盾起来，"教育悲剧"便产生了。为解决师生冲突，教育者必须认识到：学生不只是准备走向生活，而且现在就在生活。为让学生感觉到学习便是生活，教师必须做到两点：其一，设法使学习本身成为学生有现实意义的事情，成为现实生活的一部分；其二，在课堂上不妨花费点时间，采取必要的措施，以便创造不强制的环境，活跃课堂情绪，使学生在感情上有良好准备，使其带到班里来的不良情绪自然消失，激发学生课堂主人翁感。

　　一旦教师读懂了"学生"这本书，教育之活水便潺潺流入学生的心田了。

承认失误是教师起码的教育良知

在教育的岁月中,我总竭力追求正确与成功;但成功与失败如影相随,有如一枚金币的正反面,相辅相成,共同构成我教育生涯的全部历程。如数家珍地谈论自己的成功时,切莫对自己的失误文过饰非,不然就会丧失教师的良知。

说来好笑,20岁刚出头就当班主任的我,有一天,几个十二三岁的女生,惊慌地喊道:"蒋老师,小琪流血了,她要回家。"我连忙到学校食堂借了辆三轮车,慌忙火急地把她送回了家。第二天,我问小琪:"什么病?"她不好意思地白了我一眼,便上位了。直到家访时,我才知道,她初潮了——这是1965年10月的事。回家的路上,我暗暗骂自己的无知;转念又想,是谁造成我的无知,是那个时代!教然后知困,知困,然后能自强也。我便补学当教师起码有关的知识。可是知识有了,就能当好老师吗?又想起另一个学生(1984届)的故事。

小鸿是个留级学生。她体态丰腴,十分成熟,没有多久,她善于朗读的特长被发现。我便创造机会,经常让她发言,使她的自尊心得到了尊重。但纳闷的是,小鸿学习始终搞不上,总是"摆尾巴"。临近毕业时,我内疚地说:"快分别了,但我没能让你把学习搞上去。成为一个真正的幸福的人，不清楚的是，为什么学习搞不上去，根源在哪里呢？像个谜，叫我猜不出，你能帮我解开这个谜吗？"她痛苦地摇了摇头，看来无望了，但仍抱一线希望地说："有什么话不好当面说，写信也可以。"

信真的来了，展开一看，一切全明白了。

蒋老师：

提起笔写信，一刹那，想得很多很多，用词形容，该叫"百感交集"吧！

7岁半时，我发蒙上小学。由于学习成绩好，老师常常表扬我，一次她说，我们班上聪明的女生有四个，我是当中最聪明的；我们姐弟三个，数我成绩最好，因此爸爸把满腔的希望寄托在我身上，逢人便夸我怎么样怎么样，仿佛我成了全家的骄傲。我家住在白沙洲，那年冬天，下着大雪，这鬼地方路又不好走，都是泥巴地，坑坑洼洼。有一次，爸爸顶着朔风，用自行车送我上学，他每踩一下，车才在泥泞的路上前进一点，忽然，我从车上摔下来，爸爸也摔下来，但他爬起来的第一句话就是："鸿儿，摔着哪儿了？"当时，我的心……老师，我这支拙笔实在描绘不出那感人肺腑的场面，我只是暗暗发誓：好好学习，绝不辜负我的好爸爸！那时，我天真活泼，在家里和我父母亲相处的很好，后来以三门总分263分的好成绩考取了省重点中学——武汉中学。

暑假里，我开始第一次看小说，在这之前，我是不看的。看的第一部是杨沫的名著《青春之歌》。虽然小说写得很好，但初次看小说的我，却没有有效运用到学习中去，而是……现在想起来，我之所以成绩不好，与这部小说大有关系，我记忆力很好，小说中的某些情节可以整段整段地背下来，直到现在还记忆犹新。看了小说，我茶饭不思，吃饭想里面的情节，睡觉想里面的情节，弄得失魂落魄；我想象力特好，还能根据情节变成画面，在脑海里闪现。

开学了，第二天摸底考试，数学51分、语文92.5分，但是课上课下，吃饭睡觉我脑子还是丢不开小说的影子，镜头一次次在脑海中闪现、重复，老师讲的什么，不知道；老师说的什么，也不清楚，就这样，我的成绩垮了。

开始把试卷给爸爸，他很吃惊，不知我怎么会一下判若两人（其实才经过一个暑假）。后来，成绩屡屡不见佳，爸爸便对我不满了，在学校，本来已经饱尝冷眼，回到家里也得不到一丝温暖，我恼怒了，受不了了。爸妈说我，我就顶嘴，僵持一段时间后，便是干脆什么也不对他们说，成绩单也不给看，但是，他们满以为驯服了我，仍没完没了地埋怨，我于是离家出走了，像贾宝玉那样……但被找回来，仍旧合不来，便又出走，就这样，一次又一次，周而复终，我和父母亲之间有了一堵墙，心和心相隔开了，我觉得他们不理解我的苦衷，也和外人那样，冷冰冰的一副脸，我在家里感到孤独。

我性格开始变了，整天忧心忡忡，紧锁眉头，步履艰难，变得多愁善感，甚至非常敏感，这又常常引起我更加感伤。于是，我爱上了悲剧小说、戏剧和电影，当看这些作品时，我会情不自禁地流泪，仿佛那主人公的悲惨命运就是自己。看作品使我忘记了分数带来的烦恼，忘却了父母的责骂，我的心灵也暂时会有所慰藉。

但一走出分数的世界，四面便又向我身上射来嗖嗖冷箭，使我毛骨悚然，难以入睡，有时一整夜一整夜地睁着惊恐的眼睛。我怕见人，怕见同学，怕见老师，怕见父母，我怕说话，怕问成绩，怕听他们的话，我常常巴不得自己大病一场，可以不上学，于是，我小病装大病，没病装病；我不上学，但从不闲逛，只是关在家里看书、睡觉、想心事；每次逃学回来，待在家里又觉得无聊，听着隔壁小学琅琅读书声，我又心动了，要上学了，但到学校，又是分数、是白眼，就这样，我的心被揉碎了，虽然安分了几天，发奋了几天，但又被重压压破辗碎了心。命运报复了我，我留级了。

　　留级来到这个班，开始，我暗暗下决心，一定要把学习搞上去。我又发奋起来，再加上老师经常让我朗读、发言，使我发现了自己的长处，心想，有朝一日，当个播音员倒挺好意思的，但是，一考试，又却只有60多分，于是愿望又落空了，又感觉自己再努力也是瞎子点灯——白费蜡。

　　快中考了，老师，我是肯定会被"刷"出武汉中学的，今天把这些情况全告诉您，也许能使您今后遇到我这样的学生，找到教育的途径，不再出现我这样的"废品"！

　　此致
敬礼

不争气的学生　小鸿

　　读罢长信，我也百感交集了。

　　显然，酿成小鸿不幸原因有五个，多因一果：（1）读了《青春之歌》，对于其中的爱情情节想入非非，造成上课注意力不集中，这是造成成绩江河日下的根本原因；（2）升入中学后，老师不了解也不可能了解到她的这种心理上的变化；（3）成绩落后，父母只知道不满，不能也不可能知道女儿心思的变化，一说二骂三哄四滚出去——这便是许多家长的习俗的教育学；（4）留级到我带的班，只知道让她发挥特长，但不知其变化的真正原因，才导致小鸿的悲剧。（5）小学升初中，这个暑假较长，家长、小孩放松；小学、初中都不管，衔接教育没做好。然而往深处想，特别从习俗的性观念的角度想，其根本原因还在于我们这个封建观念浓重的社会不敢公开涉及人的性的问题，以至于讳莫如深，小鸿的父母不知，为人师的教师也不了解，这是该多么愚昧的啊！而愚昧是要误人子弟的呀！

"六十余年妄学诗,功夫深处独心知。夜来一笑寒灯下,始是金丹换骨时。"陆游这首《夜吟》诗,是他晚年对生平作诗的回顾。教书二十载,读了此诗,倒引起感情上的某些共鸣,真是"二十年来妄教书"。《学记》说:"学然后知不足,教然后知困。知不足,然后能自反也;知困,然后能自强也。故曰:教学相长也。"笔者自强的办法一是博览群书,读几个版本的教育心理学,读中外教育史,读中外教育家传略;二是参加了几个教育学会,以文会友,虚心向各地理论工作者和实际工作者学习;三是和学生交朋友,告诉他们,蒋老师有志于教育研究,请你们实事求是地告诉我(主要方法是建立《教育反馈本》和毕业时写下的《三年心路历程》纪实作文)自己对老师教育的真实感受,使我较及时而准确把握自己的教育状态,并赢得学生的心。如此边教边学,几年下来,对学生的教育成效自然水涨船高了。

作者在湖北崇阳一中讲学(1990年)

学习只是教育花朵上的一片花瓣

在一节课上，我叫小斌到黑板前来听写。他是一个靠照顾才进入重点中学的学生。磨蹭一阵，他才站在黑板前，低头不语。不会写？我来气了，都讲练了好几次了，还不会，一看，他竟然在笑。我感到胸中的怒气上涌，说："算了，你到教室外边，先把这几个字写会了，再进来上课。"这是上午第一节课的事，可到了第四节课，还不见小斌的身影。我有些慌了，连忙跑到他家，一问，没回。一连几天，虽四面八方地找，但仍不见踪影。

过了一个月，我惶惶不可终日，寝食不安，感到我有不可推诿的责任，担心他出了什么意外的事。

谢天谢地，终于传来了一个消息，云南边陲的一个收容所发来电报，要学校去领人。

他回来了，我仿佛得到了重生，便和他交谈，开始问经历，后来越谈越深入，越谈越使我感到心痛。

小斌的学习基础差，和正式录取生两门功课入学成绩差93分。但他爱劳动，特别喜欢摆弄一些小玩意儿，如日光灯不亮，他左瞧瞧又摆摆，居然复明了。这样，班上的启辉器、钥匙都由他管着。可好景不长，老师和家长都说:"小斌怕要集中精力搞学习,班事少管一点。"同学也说:"哼,成绩不好,还管那么多。"小斌听到这些议论,默默地交出了钥匙和启辉器,像是失去心爱的伙伴一样。他变得孤僻了,开始不和"高材生"一起谈笑了。

《中国少年报》开展的"快乐小分队"活动,在班上引起了反响。一些将要退队的少先队员纷纷组织起来决定过好最好一次小队生活。小斌受感染和活动目标的驱使,也邀集几个少先队员,要搞扫小便池的活动,说要一直坚持到"六一"。他们真的说到做到了。"六一"到了,学校要表扬一批少先队员。小斌小队被中队报上去了。可非议来了,"几门不及格,还上光荣榜?""某某(另一个少先队员)拾手表,因为成绩不好,都没有上光荣榜,可小斌……"人言可畏啊,小斌觉得在重点中学难有自容之地,他更不愿见人了。

倒霉的事一桩接一桩。元旦市里举行"迎春万米长跑比赛",小斌主动到市里报名参加。可我对此事全然不知——正因为我们对他的一无所知,造成他一步一步地走向"出走"的道路——没有关心他,也没有照顾他。他说:"在跑的过程中看到别的运动员的老师和同学帮忙拿衣服、鼓劲,心里难受极了。我心里想,难道就因为我成绩不好,就不能做人了吗?我是多么的孤独。"——这是一个心灵在呐喊。遗憾的是我们当时没有听见、没有体察到!

后来又碰上了一件伤心的事。老师发升学模拟试卷,发到小斌最后一排,差一张,到处要也没有。老师说:"你们共用一张,做在作业本上。"接着往前走,无意地说了句:"反正小斌也不会。"虽然声音低,但小斌听得真切,他心一阵阵疼痛,他痛苦得闭上眼睛。

也就是那天,小斌的全家卷入了与邻居的纠纷之中。他站在那儿,我问:"为什么不会?"小斌没答,心里在想,能说爸爸和别人打架吗?能说家里不安宁吗?同学们会笑吧?想到笑,他自我解嘲地笑了。可我看成是轻蔑的笑,我的气来了,他自然委屈不堪,他再也以受不了感情的折磨了,他便出走了!

唯分数论不仅仅使得小斌离校出走,还逼使浙江高中生徐力锤杀亲生母亲。这又是为什么呢?2000年5月17日《中国青年报》以《心灵沙尘暴》为题,狱中采访了徐力,倾听他的心灵的诉说(摘录):

我和父母的关系不是太好,他们总是把我当小孩看,把我管得很死,我有自己独立的空间,但却没有自由的天地。

母亲在我外出时偷看我的日记,发现了我和同学刘冰这事,她骂我怎么不听话,狠狠打我的脸,打我的腿。

我曾经是班上班委,但是母亲说会影响学习,让我辞去班委职务。我自己其实很乐意去做,因为有发言权,能做一个管理人员。

初二的时候,我加入了共产主义青年团。我曾经是学习雷锋小组的成员,经常去一位孤独的残疾奶奶家打扫卫生,烧菜煮饭。我们很可怜她。但是母亲知道这件事后,说这样会影响学习,不准我再去。可是我很爱去,在那里我觉得我很行。

进入高中以后,在家里,我感到母亲处处监视我。家里电话一响,我没有资格去接,都是她接。如果是同学打来的她问清楚后,才给电话我,搞得同学说:"谁敢给你家打电话,你妈太厉害了。"

晚自习有一段时间,同学们可以在外面打打篮球。我很爱打球,可母亲不让我打球,只让我在教室里自习。这个时候,母亲经常到学校来,监视我是在学习还是在玩。

我想看看报纸,妈妈又说,高考又不考报纸上的内容。每周六和周日,她不让我出去玩,每天就是让我学习。我厌倦了,太单调了。我觉得学习学得很不开心,活着没有什么意思……

江泽民同志看了浙江金华一高中生杀母等材料后,用"触目惊心"一词表达了自己的沉重心情,并发表了《谈话》,文章名不叫《关于教育工作的谈话》,而是《关于教育问题的谈话》。教育到底出了什么问题呢?我认为,教育的问题出在教育目标上,出在把教育目标单一化为"学习",进而具体化为"分数"上。"分、分、分"不仅是学生的命根,也是老师、学校、家长的命根;特别是在分与钱挂上钩以后,更是无以复加了!

为什么出现教育目标单一化为"学习"、为"分数"呢?

其一是教育价值观出了错位。一般来说,价值就是在主客体关系的基础上产生的,是客体对主体需要的满足或不能满足。自恢复高考以来,学生这个主体(同时包括家长)几乎个个都需要考上大学,因而对教育、教学的要求,能保证考上大学的就搞,且大搞特搞;不能保证的就少搞甚至去掉。徐母对儿子的要求和管理,就是一个典型例子。在这种"一切围绕高考转"价值观的误导下,便出现叶圣陶曾批评过的"以智害德""以智害体""以题害智"的现象。于是,教育价值单一化为应试服务了。

其二是对学习的狭义理解。人是需要学习的,青少年学生更需要学习,这是不错的。但是,"学习只是被称为'教育'(在广义上)的花朵上的一片花瓣(苏霍姆林斯基语)"。学生是教育的对象,教师面对的是一群生动活泼、具有丰富感情、思维活跃、身心不断发展的青少年学生。知识的学习只不过是青少年成长因素的一个部分,但不是它的全部。如果教育者不研究学生本身成长的全部需要,只把他们看成一种接受知识的容器,显然是远远没有把握教育的本质。从某种意义上说,教育就是促进学生健康成长的活动。所谓健康成长就是在人的天赋状态下,使各个方面都得到有机的和谐的发展,成为有益于人类的新人。知识学习,是人成长的一种需要,这种需要一定要成为学生自身的需要,而不是教育者工作的一种职业需要。现实的教育状态是,与其说学习是学生的一种负担,不如说是教育者生活的一种职业要求。教师对考试的看重程度,远远大于学生的自觉程度。从表面看这似乎是考试制度造成的,但实际上是我们的教育目标上及其社会价值体系上对教育者作为人本身的否认的结果。不以人为本,而以分为本;不以全面发展为主,而以升学为纲。这种教育现状,势必造成背离教育的根本目的,严重影响年轻一代身心的健康发展的恶劣局面。

"我们切不能把孩子的精神世界束缚于学习之中。如果我们孜孜以求的,是让孩子心灵的全部活力都耗费在各门功课上,那他的生活就会变得不堪忍受。(苏霍姆林斯基语)"徐某"不堪忍受"就有了极端的行为——杀母!这难道不足以引起我们深思和反省吗?

"反省"往往是一阵之举,事过则境迁;急功近利让每个学校全国各地仍然是"素质教育轰轰烈烈,升学教育扎扎实实"。唉!中国教育向何处去?

"反省"往往是需要勇气和反潮流精神的,也需要从成才者的身上找到教育启示并化为教育行为。

教师之幸福,莫过于学生成才。

周末夜,门被叩开。在幼儿园任教的小聪老师,笑盈盈地边问候边从挎包里拿出一个淡红色的本子。启开一看,嚯,她获市青年诗歌比赛三等奖啦!我祝贺她,她却忽闪着亮晶晶的眸子,甜甜地说:"应该祝贺您自己!"

是吗?蓦地,小聪读书时的窘态出现在眼前。小聪一上初中,就迷上了小说、诗歌,而数理化成绩平平,有时还"红灯"高挂。她忧虑便狠心再不看文学作品,埋头于数理化。可结果不仅数理化未搞上去,反而文科成绩也掉了下来,成了平庸之辈,甚至厌倦生活了。她伤感地说:"看来我不是学习的料子。我喜欢的,不能忘我地搞;不想学的,却又逼着我上,因为考重点高中,各科要齐头并进呀!"正在读《法朗士传》的我，知道小聪的想法后，不禁自然地联想到法朗士。法朗士是诺贝尔文学奖金的获得者。他在自己最后一部作品《如华之年》中，多次提到少年时代的失望情绪，他说："我始终无法适应这种使我变得愚蠢的教育方法，因为它只能压抑学生的个性，造成他们判断上的错误。"愚蠢，我有吗？我们的教育学中有吗？小聪式的平庸几乎处处可见。是的，我们是好心，希冀学生门门都优。但一个简单事实我们却都熟视无睹，比如说手指，有长有短，有粗有细，才成为手指；又如山，有高有低，才错落有致。人呢？学生的各门成绩难道不应像手指、像山吗？朦胧之中，我给小聪讲了自己的"模糊教育思想"，并指出，人重要的不是分数，而是人生态度。即使考不上重点高中，只要生活态度积极，总会有所建树。初中毕业，小聪虽未考取重点高中，入了幼师职业班，但她热爱生活，有自己喜爱的事情做——谈诗写诗，观画绘画。这不，刚工作就小有成绩了。

优化教师心理品质

要把语文教学和学生心理较好地结合起来，离不开一个重要因素，这就是教师的心理品质。教师心理品质的优劣是影响学生学习语文积极性的一个至关重要的因素。我曾用问卷法对我的学生进行过调查，题目有两个："在和蒋老师相处的三年中，有哪件事令你至今不忘？又有哪件事叫你伤心不已？"同学们纷纷用真实的笔触来告诉、教育和帮助我，也鼓励我。这里就不讲表扬我的那些事了，单说一个学生写的后一个问题。他写道："那次因怕迟到，走急了一些，忘记带作文本了。谁知一上早读，蒋老师就检查到我的身边，见我未交，就声色俱厉地问：'是忘带了还是说假话，没有做？'我在众目睽睽之下，张口结舌，这更引起蒋老师的疑心，便要我跑步回去拿。谁知拿来时，第二节课迟到了（家离校较远，第一节是语文），这件事被记入了班级日志。在这种不安的情绪下，第三节课是外语默写，结果得了个不及格，本来是很熟的，可心一烦就忘光了。第四节课数学呢，谁知数学老师又批评我，说我'学习情绪不高'"。最后，他说道，"蒋老师，您哪知道，我这上午简直是没有学到一点东西。难道罚的结果就理当如此吗？"看到这里，我自责了，我反省了。如果不是他写出来，我早就忘得一干二净了。这正是教师常犯的错误——批评了学生,过后便忘了。然而忘了之后,我还在抱怨学生不喜欢学语文哩!从这里,我发觉,教师重要的品质是要有与人为善的高尚情操。学生毕竟是学生,是来学习的,教师不能忘记这一点,否则,就丢掉了教师应负的责任。为此,在语文课堂上,我常从下面几个方面来要求自己有教师的良好的心理品质。

一是要有自制力。所谓自制力就是要求教师善于控制自己的情感和行为,能够约束自己的动作和语言,抑制无益、有害的激情和激动,使自己变得有修养些。上面说的那个例子,我在处理时,就缺乏自制力,一方面声色俱厉,一方面又强令他回去拿作文本。结果呢?学生一上午一点东西都没有学到,还影响他对学语文、学校生活的情绪,如果长此以往的话,他就会离开学校,到处"流窜"了。现在,很多学校出现"外流生",不能说没有教师缺乏修养的因素。因此,遇事特别遇到不顺自己心意的事时,教师一定要有自制力,才能化"险"为夷,转"阴"为晴。

二是要有学生感。学生无时无刻不感觉到自己是一个学生,这种强烈的学生感可以说是学生心理的重要因素。当他不懂来问老师时,觉得这是天经地义的。可我们教师常常搞代替论,以己代人,不屑一答地说:"这还不懂,昨天不是讲了吗?"当头一棒,学生从此就不问老师了。又如现在测验,分量愈出愈重,有的多达六张八开纸。当学生苦做不完时,有的老师却说:"我半个小时就做完了,你们两小时都做不出来,几苕哟!"像这样,都是没有学生感的表现,没有学生感的教师还常处处显示自己知识如何渊博,而学生呢,是何等的无知。这样刻意在教师和学生中设置鸿沟,势必压抑学生的智力,并且给学生心理留下阴影,似乎科学只是一些刻板真理的堆砌,而这些真理的正确性又是不容置疑的。似乎真理就在于地位,谁的地位愈高,他手里的真理就愈多。一个教师的"知识""权威"都这么不容侵犯,何况其他呢?这种阴影的结果,就是学生个性中教条主义和形式主义这些坏东西的根源。

三是要有教育机智。所谓教育机智,是指在课堂上教师要有从实际出发,从容自如地驾驭学生变化,把其引导到正确轨道上来的能力。要培养这种能力,就需要教师有一个善于察言观色的教学习惯。上课了,教师应该丢开备课薄,甚至于丢开书本,来注视全班学生。备课、书本应许在课前烂熟于胸。注视学生什么呢?他们的一举一动、一言一行,甚至面部哪一个微小部分的细微变化,都要善于捕捉到;然后,根据学生的实际,调节教学速度,调节教学内容,变换教学手段,创设新的情境,这样,才能把教案和学生实际有机地结合起来,把课讲得深入浅出,生动入化。例如,有一次,我对学生说:"哪位同学来给我读读这一段?"话音刚落,发现一个同学眉头一皱,我马上改口道:"请这个同学来给大家读一读。"又是话音刚落,我发觉那个同学面部出现微笑。我想,这个学生反应多敏捷啊!教师上课时,绝不能一口一个"我"字,而不想到学生啊!

教育机智是一种敏感的聆听和观察能力,它来自对学生的爱、关心、希望和责任;教育机智是不可以事先设计的,对它的顿悟完全在那一刹那的意会之中。

作者在武昌干训班讲学(2002年)

自学多识

班会课铃声响了。我和几个班干部抱着 48 本名人传记的书、杂志，匆匆走进教室。一下子看到同学们争相传看一本杂志的场景。

"什么好书？"我问道。

"你的！"几个学生齐声答。

"《你的》？有这样的杂志吗？"

众人笑了："有你的报道。"

接过杂志，一看，原来是《成才》，上面发表了一篇关于我"自学成才"的通讯。

"看这做什么！今天我们看名人传记，每人一本。"我说出今天班会的内容。

"远处的和尚会念经，书上的名人我们今天不读，就问一问眼前这位名人，谁呀？"一学生拉长声调问道。

"蒋老师！"全班异口同声。

"你们天天在读我，有什么好读的？"我说道。

"正因为这样，就有可能熟视无睹啊！"学生张洁模仿我平常说的话，引得全班笑声一片。

班长马娟转弯道:"从图书室借的名人传记,我们每人一本带回家看;现在我们全班来读活的名人传记,采访一下蒋老师,好不好?"

在师生认同后,学习委员刘星首先发问了:"蒋老师您是怎样自学成才的?不准说杂志上讲的,要说背后的故事。"

我开始讲第一个故事。

我带过七届初中后,已小有成绩,班主任工作上是全市"模范班主任",语文教学为全省"教改新秀"。让我百思不得其解的是,学校为什么不让我教高中呢?我问校长,校长把球踢给了语文教研组长。我又问,他出了"瓦当"一词考我,我顿然答不出;为印证一下,又问正在进修本科的同组语文老师,他一口答出。组长说:"你的语文底子还要进修呀!"我霎时明白,原来他们嫌我没有中文本科文凭(因为我高中毕业后,只在大学短训一年后,就分配教中学)呀!强烈的自尊心,诱使我边教学边自学汉语言文学本科教材。通过三年自学,自我感觉教学如虎添翼,能左右逢源了。

"所以,自学要有动力,这动力来自什么呢?"讲完故事,我问道。

"自尊!""面子!""自爱!""名声!""名誉!"学生七嘴八舌。

"对了,自尊心不仅是自学的动力,更是人自我教育的核心动力。雨果在《悲惨世界》中有句话:'人赖肯定的存在,比赖面包的存在更甚。'这说明,在人的所有需要和欲望中,自我肯定、自我尊严的需要和欲望是最重要、最永久、最普遍的!我们都在自觉不自觉地捍卫着自尊!"

捕捉到学生心领神悟的神情,我开始讲第二个故事。

当了二十年班主任之后,厌倦之感潜滋暗长,种种教育现象总在叩打着我的心灵:学生课堂发言的积极性随着年龄增长而递减,到了高中,老师不点名字,几乎无一主动去发言;班级活动,班主任不安排,班干部几乎无人主动提出或承担。"外国连总统都民选,我们一个小小组长都要老师指定"(学生语),不仅中小学由班主任管着,连大学也设班主任,更有家长竟然辞职陪读了……我常常自问：中国教育怎么了？

为解自惑。我读了王道俊、王汉澜主编的《教育学》，袁振国主编的《当代教育学》；毛礼锐的《中国古代教育史》，杨汉麟、周采的《外国幼儿教育史》；苏霍姆林斯基的《育人三部曲》，林格伦的《课堂教育学》，《叶圣陶语文教育论集》等书。读着，摘记着，思考着，比较着，揣摩着，渐渐地，由模糊而清晰起来——中国现行教育理论是以他我教育为中心建立起来的理论体系。这里，我提出一个新概念：他我教育，即来自他人对自我的教育，主要包括父母的、教师的、同伴的、社会的、媒体的、自然的。上述两本主要教育学，都是论述他我教育的。清晰起来之二是，中国教育理论缺少自我教育思想。主要表现在理论上视自我教育是一种形式，一种修身方式和一种德育方法；在实践中，无论是高等教育、基础教育，还是社会教育、家庭教育，根本没有自我教育的地位。这是中国教育培养不出创新人才的重要原因。清晰起来之三是，教育改革要有大胆探索者。从1985年起，我自己开始研究自我教育，以值周班长制实验为切入点，现在已经进入第二轮了。第一轮实验毁誉参半，夸我的有《湖北日报》《中国教育报》，有李道仁等教授的结题文章等；批评我的有同行的"拿学生做实验，毁了他们上学的前途"，也有家长各种各样的担心。

蒋老师：

您好！

我开门见山地向您表示，目前，我对您的许多做法并不支持。

首先，我就不同意进行"自治"。虽然，你认为我们已经比较大了，该有一点办事的能力了；但是，我们正处于似懂非懂，克制力不强的时期，要我们"自治"谈何容易！张波同学原本是很愿意听政治课的，但是在王国就的陪伴下，张波也会在政治课上不停地讲话。我这么说，你一定会说我们班委会应该想想办法。是啊，我们是应该想办法。但是，我们不能像成人那样扣奖金，最多只能在全班点一下某一位同学的名字，或写在黑板上警告他。这虽然对于一些脸皮薄的同学有一定功效，但是，对于那些脸皮厚的人和嫉妒心强的人就根本无济于事，也许心里还很不服气——"你算老几？"这也就必然要使我们提高威信，但这容易吗？中国人最关心的是自己的家庭（这当然是指成年人），这句话到我们这里，也就变为只顾自己了。团员不想过组织生活，只想早点回去，开运动员某些人觉得很是没意思——中国人的思想觉悟太低！每当上政治课，教室里的噪声搞得政治老师不高兴，甚至不愿讲课时，我就想说："都是些贱骨头！不好好整一整是不会老实的！"这也正是我对管理班级的认识。

　　尽管现在处处在改革，但是，在高考制度没有改变之前，强制和"题海战术"就没有必要改（当然，也需要一定的"民主"）。从大的方面讲，祖国正缺少人才，考不上大学，怎么更好地为祖国的建设作贡献？从小的方面讲，考不考得上大学，这是关系到每个同学的切身利益的。

　　蒋老师在语文上的改革，对于我来说没什么坏处，我完全可以不管，但是这还关系到整个班的成绩，我不能不与您讨论，发表我的见解。您采取的这种方法，是需要同学们有一定程度的自觉性的，但是同学们具备吗？回答当然是否定的。我认为蒋不能不为全班的半数以上的学生的前途而慎重地考虑一下，是否改变一下改革的方法，将改革建立在强制的基础上。

　　我暂且发表这样观点。我倒是十分希望开一个辩论会，由您和蔡老师，以及我们全班同学参加，也可邀请其他老师参加，自由发言，各抒己见，也许这样会好一点。

　　祝您身体健康，在改革的道路上有新的发现！

钱　昇
三月二十三日

这儿我公开一封信,是第一轮实验时,我的一个学生写的。下面我们让全班同学来七嘴八舌议论一下。

学生甲:敢于向老师提意见,值得学习。这反映值周班长制实验好啊,好在培养了学生的主人翁精神,好在培养了民主意识。

学生乙:我不同意把同学说成是"贱骨头",这是帝王思想。(众笑)

学生丙:政治课学生讲话,为什么讲话?老师没有原因吗?课本没有原因吗?

学生丁:深刻!一出问题就找下面、整下面,这是帝王思想,连像他这样年轻的学生也感染了,可见传统的力量的强大。(众笑)

我情不自禁地插言:人生而平等,不管是领导或是平民,在人格上是一律平等的。

学生丙:否定学生的自觉性,自己瞧不起自己,是这封信的要害。再说自觉性是等来的吗?我说,是在做中形成的。

学生甲:不!要害在高考能不能考取!高考是人生经历,但不是人生目的。蒋老师名落孙山,现在不同样成才吗?

我被学生表扬得不好意思,笑着说:"别说了,说得我要飘飘然了。"接着话锋一转:"所以,自学能形成见识。我带着教育实践中的问题,去自学教育书籍,便形成了'自我教育是教育目的之一'(不是吹的话,这绝对是蒋自立版的,首先提出的!)'自我教育是教育内容之一''自我教育是教育原则之一''自我教育是教育动力之一'等。这'目的、内容、原则、动力'便是我的认识,联系在一起,便是我的自我教育思想了。"我竟然大言不惭了。

但学生却显出心悦诚服的样子——因为他们从各个渠道知道,蒋老师改革实验处境有些微妙。还是班长聪明,她站起来说:"蒋老师坦诚地讲了两个故事。我想每个同学都有自己的体会。来而无往,非礼也。我建议大家写篇作文,副标题是'蒋老师二三事',正标题自拟。算是给蒋老师的支持,好不好?"

"可以!""好!"又是七嘴八舌。

【附录一篇】

思想形成人的伟大

——蒋自立老师二三事

武汉市武汉中学　张炜

背　　影

走廊上传来重重的脚步声。

像往常一样,蒋老师没有在教室门口停留,径直走向讲台,顺手想把书放在讲台上,突然,他的眉毛微微皱了皱。顺着他的目光望去,讲台上白蒙蒙一片粉笔灰。

蒋老师走上讲台,弯下腰来,鼓起腮帮,欲吹掉讲桌上的粉笔灰。"糟糕,要放毒气弹了。"我暗暗叫苦。他却欲吹又止,迟疑了一下,便走下讲台,在讲台和前排课桌之间,背对我们,弓起腰,轻轻地把粉笔灰吹去。

在飘飘扬扬的粉笔灰里,出现了一个老师的背影。

一件宽大的深蓝色的旧罩衫里,套着件大棉袄,本来微胖的他就显得更臃肿了。只见他弯着腰,双腿微曲,有些吃力地坚持着这一姿势。他先在左边轻轻吹了几次,慢慢又吹去了右边的粉笔灰。直到粉笔灰在两边纷纷落下,我这才放心地舒了口气,更加注意起他的背影来。

好熟悉的"背影"!是谁,曾满怀深情地描写过他?

父亲的背影浮现在我眼前,多么相似!一样的朴素,一样的吃力,一样的可爱。可又多么不同!如果说朱自清笔下的《背影》浸透着父亲的亲子之情,那么眼前的背影则是爱生的见证。

守财奴

"蒋老师,收点班费吧?"副班长张慧光试探着问。

"派什么用场?"蒋老师轻声地问着。

"明天运动会,买点汽水,犒劳犒劳运动员!"

"你们总想到收钱,没其他办法吗?"

"那你想个办法。"张慧光"将军"了。

"好,这事交给我。"蒋老师满有信心地答道。

运动会开始了。

1500米,7.5圈,直跑得我头昏脑涨,口干舌燥。两个同学赶忙过来搀扶我,丁向兵同学则把盛满橙红清香液体的大碗送到我面前。

"是茶?"我望了一眼丁向兵。他嘟着嘴,满脸不高兴。

"可不是,昨个儿说收钱,蒋老师不让,谁知道他今天竟拎了两个暖水瓶外加一大包茶叶。说是要值日班长负责,给每位运动员送茶水,多寒碜!"

"就是嘛!别的班都是成箱成箱地买汽水,偏我们班丢人——又不是出不起这个钱。你瞧!"

顺着她手指的方向望去,的确,许多班级的场地上都摆着一箱箱汽水。

"哼,守财奴!"

"葛朗台!"另一个同学几乎同时叫了出来。

我默然了。端起碗来抿了一口。茶水入口微苦,却是清香入脾,温暖热心。

"张炜,跑得不错嘛,第二名,这龙井茶喝出滋味了吗?那可是同学送给我的。"

我点了点头,说:"你知道他们怎么说你吗?"

"守财奴!"蒋老师笑了起来,眼睛成了线,"是不是?"

我默认了。

他又笑了，可笑得很幽默，还直摇头。最后，他拍拍我的肩，扔下我，径直上楼了。

崇高的理想

转眼间劳动周快要到了。

蒋老师把我叫到外面，问我："观察过别的班的劳动情况吗？"

我点点头。

"多注意观察一下。我们班的劳动周由你来安排，由你来指挥。我再找一个人男生当你的副手。"

"什么？什么？"我差点儿跳了起来。

"都高一了，大姑娘了，这点事还跳起脚？看人家撒切尔夫人，多能耐，多气魄！"

我咬咬牙说道："好，我干。"可心里很不踏实。

蒋老师笑了，他笑得颇有点儿滑稽。

经过一周的观察和了解，我和助手一道安排好劳动任务，并在劳动周前两天公布了分工名单。蒋老师站在一旁，又笑了。我望着他的笑，心中漾起自信之情。是啊，生长在大树底下的树是长不好的，事事依靠老师，能长才干吗？

就在这种自信心的差使下，我们班不仅完成了任务，还受到学校表扬呢！我可累得够呛。蒋老师来到我身旁问道："怎么样，有何深刻体会？"

"还是'守财奴'思想对，"我竟在老师面前开起玩笑来了，"不知劳动艰辛，哪晓得用钱节省！"

谁知这话竟把老师说沉默了。我知道，他动情了。他动情就是这样的。

我扭转话题，关心地问："老师，实验还搞下去吗？"

"怎么,你听到什么反映?"

"别人都抓升学率,你搞教育实验,不怕砸锅?"

又是沉默。

我听说的实验,是蒋老师搞的班级管理改革实验。在班上,他实行值周班长制,即全班自由组合成若干个班委会,每个班委会负责班务一周,依次轮流。实行一年多来,真的把全班的积极性调动了起来,但非议也起来了。

他在沉默中爆发了。

他目光闪烁,激动地说:"学生不是工具,不是争高分工具,学生是人,是活生生的人,教育要以人为目的,以培养适应未来的人为目的的!你想想看,不让你负责劳动,能增强管理能力吗?能有那深刻的体会吗?我不怕碰得头破血流。"

听其言,观其行。突然我想起高年级同学说的话:"你们的蒋老师心大着呢,想当教育家!"

啊,想当教育家有何不好?

作者在河北讲学(2007年)

【简评】

作者截取生活中几个横断面,运用特写技法,着力表现蒋自立老师爱生如子、教书育人的思想品格。材料虽然细微得容易被人忽视,但是,由于作者善于观察、思索和组织、安排材料,所以,还能充分表现文章的主题思想。

文字酣畅流利,幽默风趣,富有浓厚的生活气息,加之以哲理性话语的运用,使文章不仅能给人以亲切感,还能给人以思辨和启迪。

(程汉民,原载《芳洲百草》,武汉出版社)

讲话要入情入理又入心

教师职业的工具是语言，这是一种什么也代替不了的影响学生心灵的工具，因此，能说会道是教师的看家本领。教师不知要和学生说多少话，决定教师语言影响力主要是语言中的诚意。学生细腻地感受教师语言中的真实性，敏感地回应真挚的语言，凡产生共鸣的，就有效了。从一定意义上说，教师应该是一个语言大师，班主任应是个演讲家。否则，难以完成教育任务。

但是，班主任讲话常处于窘境——学生不愿听。为什么呢？调查表明，一是讲话内容枯竭，二是言语艺术贫乏。

针对问题，我采取了两个办法：

一是开拓话题，列出梗概。我拟了一个提高语言艺术三年规划：第一年，记录在班上即席讲话的话题，嚯，竟有286个。第二年，从中选出72个必讲话题，列出梗概。第三年，把72个话题写出讲稿，成为自编教材。下面是72话题梗概：

1. 当你戴上中学校徽的时候

（生命的链条，环环相扣；中学时代是闪光的一环，人生的道路崎岖不平，中学时代是关键的一步。）

2. 勿忘他

（小学是人生启蒙的圣地，小学老师是人生中最伟大的灵魂工程师。上中学、大学或工作时，都要向他汇报自己的足迹。）

3. 过好中小学衔接关

（中学和小学虽同是学校，但有许多不同。要有风卷红旗过大关的精神，过好学习、纪律、习惯等关口。）

4. 你有书架吗

（书是人类进步的阶梯。要攀登科学的高峰，就要建立自己的书架。省下零花钱，每月买一本爱读的书吧！）

5. 热爱人生的第一位老师

（人生有很多老师。第一位老师就是自己的父母。爱师，首先要爱他们；爱人民，首先要爱他们。）

6. 当你开口要的时候

（人大了，需要的东西多了。当向家长开口要时，不要忘记问个"该不该"，不要忘记使自己的愿望也文明起来。）

7. 讲究文明礼貌

（文明是人类进步的成果。生活中要讲究文明，交往中要讲究礼貌；还要能整理、照管自己的东西，会用钱和物。）

8. 方志敏与《可爱的中国》

（人生是要有榜样的。榜样可使自己的奋斗目标具体、形象。读《可爱的中国》，将认识一位伟大的人师。）

9. 是可忍，孰不可忍

（出现了不良行为，是麻木不仁，还是起而斗争？这是对正义感的考验，面对劣行要不屈不挠，毫不妥协。切不"忍"字当头，否则，是可忍，孰不可忍。）

10. 怎样向家长汇报学习成绩

（成绩，家长极为关心，汇报成绩要诚实。特别要和家长一起分析分数背后存在的实质性问题，从而找到切实可行的办法。）

11. 请像这样度过假期

（每学期都有假期，安排它的着重点要放在发展自己的兴趣上。让兴趣既广泛，又有相对的稳定性，坚持下去，兴趣便成志趣。）

12. 压岁钱和钱压岁

（逢年过节，大人给钱，这反映上辈的关怀，要铭记在心。但不能沉迷在钱里，让钱在你手中闪出智慧的光芒。）

13. 你的生理发生了什么变化

（长高了，增重了，有力量了，感到成人了——变化这样告诉你。可别忘了如何使用力量，如何对待成人感。）

14. 为什么说初二最难办

（老师常说初二最难带，家长常说这时的你最不听话，为什么？原来是少年期的独立性在增强，想挣脱依赖性，但又缺乏经验。为此，建议一是要发展自己的独立性，二是要听大人的指导。二者结合，化难为易。）

15. 陶行知和读书十诀

（我国教育家陶行知读书有十诀：一序二勤三恒四博五问六记七习八专九思十创。实践十诀，读书有得。）

16. 人是怎样诞生的

（人生是分阶段的，各个阶段都有其主要任务。少年时代主要是学习，青年时代主要是创业，但也要结婚，生育下一代。人的诞生是一个历史过程，也是一个生育发展的过程。前者学习社会发展史可知线索，后者看了生理卫生书也知个大概。人是要繁衍后代的，不然哪有我们？这是一件十分自然的事，也是一件到了一定年龄才能做的事。）

17. 如果把纪律的琴弦拆去

（列车正常运行，乐曲和谐奏鸣，要靠纪律保证。如果拆去纪律的琴弦，世界将被扭曲成什么图形？）

18. 自我认识的我与别人认识的我

（每个人对自己都有所认识，这是自我意识发展的表现。但往往出现自我认识和别人认识不一致的矛盾。如何解决这对矛盾，需要看到一个问题的两个方面，使认识统一到实事求是的轨道上来。）

19. 当你初潮（女生）或第一次遗精（男生）的时候

（这表明你长大了，成人了。这是正常的生理现象，没有什么值得大惊小怪的，没有什么值得神秘莫测的。但你要注意，这时可能产生对异性的爱慕和好奇。而且一旦出现，你要注意控制自己的情感，要懂得人生各个阶段的任务，做情感的主人。）

20. 测测你的意志力

（自己的意志力如何，完全可以通过测试来了解。少年时期的意志力往往不强，主要表现为有头无尾，不能持之以恒。要解决，首先得战胜自己。）

21. 近朱者赤，近墨者黑

（人生的又一位教师是自己的伙伴。少年时期，伙伴常常成了你的影子，作用甚至大于父母和教师。交什么友，听什么样的话，可要择其善啊！）

22. 分数渐低意味着智力下降吗

（小学常常得90多分，初中得80多分，到高中70多分经常出现，这种分数渐低的现象是你智力下降了吗？不，这恰恰说明，你学的课程增多、面增广、度增深。不要自卑，要抬起头来走路。）

23. 漫话信息

（信息在社会上通过各个载体传播。人每天要接受大量的信息，对信息要注重分析，筛选。不要被不好信息牵着鼻子走。）

24. 自信与自卑

（这是一对孪生兄弟。人既不可没有自信，又不能自负。自信还容易走向自卑。自卑则无信心，无成绩。）

25. 愿你有个座右铭

（生活中，人人需要自我鞭策、自我约束，这就是自我为师。她是一位主宰人心灵的教师。如果你有一个座右铭，在自我教育方面，将会比别人做得更有成效些。）

26. 理想的我和现实的我

（少年多志，理想色彩斑斓，但要实现它，还需要与现实的我协调起来，从现在做起。）

27. 天生女材必有用

（科学研究表明，在智力发展的过程中，女性和男性有着均等的机会。过去之所以知名人物男性多，那是历史造成的。当今世界，已为女性成才打开了大门。）

28. 心中的秘密与谁说

（当心烦、想不通或收到一封求爱的匿名信的时候，不应藏在心里，而应与父母、老师、同学交换看法，他们可以帮你冲破"烦"笼。）

29. 问的学问

（学问学问，一半在学、一半在问。要勇于提问，心存疑问，不耻下问，善于自问。）

30. 切莫嫉妒

（人家冒尖了，你落后了。正确思维方式是学习他，赶上去，切莫闲言碎语，切莫嫉妒。）

31. 社会、家庭与我

（社会是泛指由于共同物质条件而互相联系起来的人群，即社会是人的社会。家庭是社会中的细胞，我这个体是社会中的一员，即人是社会的人。认识社会，认识我与社会、家庭的关系，将使自己清楚地生活。）

32. 让情绪生活健康些

（人非草木，孰能无情。情绪生活正常，关系到人的性格，不要长戚戚，而应坦荡荡，要善于自我控制和调剂。）

33. 人生的三件大事

（雷锋说，人生有三件大事：入队、入团、入党。你正逢入团时刻，应积极创造条件。）

34. 备考、应考

（考试，你们曾身经百战。备考要注重知识的系统和重点，不要一味地解题，应考要注重心理控制，不要让怯场勾销掉自己的劳动。）

35. 尊师、学师、爱师

（爱师表现为尊重、学习老师，更表现为敢于超过老师。）

36. 毕业之后

（初中毕业后，各奔东西，但友谊长存。不要计较相处岁月中的摩擦，不要对老师的某次批评耿耿于怀，更不要添油加醋地宣扬某些问题。珍惜友谊的人，珍惜过去的人，才能发展友谊，才能珍惜将来。）

37. 点亮你心中的灯

（万物生长靠太阳，人生要追求理想。愿你的理想之灯长明，照亮人生的里程。）

38. 读书不忘天下事

（"两耳不闻窗外事，一心只读圣贤书"的现象有所抬头。读书是必要的，但不知天下事，这书是读不好，也读不出硕果的。）

39. 把自学的钥匙掌握在手

（在校学生要自学吗？回答是肯定的。会自学，才是真正的学生。自学有四要素：计划、实施、自查、反馈。）

40. 立创造的志向，练创造的才干

（一部社会发展史，就是一部创造史。没有创造，便没有发展。思想僵化，国衰民亡。人类在创造中，要创造先立志，多实践才真知。）

41. "吃得亏在一堆"

（俗话说，吃得亏在一堆，意思说，在一个集体、小群体中，成员遇事抱吃亏态度，才能和睦相处。在同学中，要抱吃亏态度。）

42. 领导者与被领导者

（社会是个大系统，系统中又有子系统。有系统必有领导者，这是人类文明发展的必然。正确认识，和谐处理，将有助于发展。）

43. 当发生争执的时候

（青少年喜欢争论、抬杠。要学会民主的生活方式，要会讨论问题。听别人观点要耐心，驳别人论点要虚心，不要各执一端。）

44. 养成良好的作息习惯

（有规律地生活，是有修养的表象。制订合乎自己情况的作息时间表张贴在床头，实行自我监督，让你每个日子都富有节奏、富有意义。）

45. 不要为自己的容姿烦恼

（人各有容姿，这已是天然。倘若自己容姿欠佳，请不要烦恼。做生活的强者，比容姿价更高。）

46. 当干部有何不好

（有人认为当干部影响学习，还有可能影响考大学。殊不知，世上万事万物都是相互联系的，当干部也是一种学习，也能增长才干。）

47. 怎样科学用脑

（一是要舍得用脑，钻进去。二是用久后要休息，跳出来。三要恒乐观。四要常运动。五要补营养。）

48. 漫话嗜好

（人常有嗜好，有的喜吸烟，有的好品茶，还有的乐酗酒。当这些嗜好形象诉诸你的时候，切切注意，不要因试一试、尝一尝而误入歧途。）

49. 时间顺流而下，生活逆水行舟

（人生只有一个青春，珍惜时间就要把握每个今天。生活之舟常遇逆水，努力划桨，才能到达目的的彼岸。）

50. 宇宙之精华，万物之灵长

（人是宇宙的精华，万物的灵长。尊重生命，珍惜人生，是珍重人类长期的杰作；轻薄人生，抛弃生命，是对人类文明的亵渎。当人生的天空阴云密布之时，同学，你应深知，人生的一切变化，一切魅力，一切美都是由光阴和阴影构成的。而今，面对阴影，应该高歌："人啊，你多美！"）

51. 洗了脸照照镜子

（人洗了脸，还要照照镜子，这是何等的负责。一旦发现自己的缺点，也要洗脸——自我批评。）

52. 谁不属于自己的祖国，那么他也就不属于人类

（爱国既是一种义务，又是一种光荣。当你进行横比，看世界时，不要犯"只缘身在此山中""不识庐山真面目"的错误。"墙内开花，墙外香"，这是一种普遍的社会现象，以此喻国，亦然。从美学上讲，就是远的比近的美。）

53. 毛泽东同志的治学六法

（持之以恒，日积月累；打好基础，循次渐进；既博又精，既通又专；掌握特点，分类整理；贵在独立思考；调查研究，知行结合。）

54. 当议论社会现象的时候

（社会舆论不可能一律，不同议论汹涌而至，可要注意表里是否一致，得把现象看做入门的向导，一层又一层地深入探索，才会找到现象的本质。）

55. 认识自己，发挥优势

（要认识自己可不容易，要正确认识自己，得回顾过去，掌握材料，

征询同伴、老师、家长，发现自己的长处，才能取得优势。)

56. 人民是我们的父母亲

（人民创造了历史，也创造了大家。离开人民，一事无成；背叛人民，天地难容。爱人民是莫大的荣光，为人民是人生的宗旨。）

57. 不可忽视的民族问题

（我国是一个多民族的国家。班级里常有兄弟民族的同学，应尊重他们的民族风俗习惯，切不可小孩气地乱说一气。）

58. 了解外国，尊重外国人

（对外开放，使我们能了解外国，看到外国人。因此，要面向世界，了解各国的政治、经济、文化；街上遇见外国人，要热情、友好，要显示出中华民族的美德。）

59. 命运与机遇

（有人说，命运就是必然性；又有人说，命运就是机遇；还有人说，命运在于自己。其实，人生的命运是社会和自我之积。孤立地看，不合事实；承认一方，陷于偏颇。）

60. 析"还不是那么回事"

（玩世不恭，遇事无所谓，对老师的劝告，付之一笑，仿佛在说："还不是那么回事。"是吗？既然是"那么回事"，就更应该认真对待，世界上的事就怕认真二字。

61. 当将来回首中学时代的时候

（中学时代还仅有一年，当将来回首中学生活的时候，会怎样？是为她的崇高价值而倍加珍爱，还是为她碌碌无为而悔恨不已？人在写历史，奋发吧，写好中学时代最后一章。）

62. 宰相肚子能撑船

（以宽阔的胸怀去理解别人，尊重与自己意见不同的人，允许人家有过错。容乃伟大。）

63. 学会研究问题的本领

（从生活中撷取问题，从问题中找到研究的方方面面，从方方面面中收集资料，从资料中提出观点，得出结论。）

64. 从"你哪晓得厉害"谈起

（家长常说，要知社会之深浅，而你不以为然。家长便说："你哪晓得厉害。"这是社会经验之谈吗？人经历也总结经历，对于各种社会经验我们都要问个为什么。）

65. 青少年是引渡的舟桥

（今日之中学生是祖国明天的引渡舟桥，明天的美好前程要靠今天的中学生去创建。感受历史的责任，才能挑起使命的重担。）

66. 慕鸿鹄以高翔

（人总是要离开父母亲的，自立来自自强。不要听信"二老倒贴"那一套。弃燕雀之小志，慕鸿鹄以高翔。）

67. 假如高考落榜

（对任何事情的后果，都要多方面地估计，不能一厢情愿。倘若名落孙山，要静下来思索，切勿调头退却。无论命运把你抛到哪里，也要在那里努力划桨。）

68. 个体户与待业

（国家就业政策已为我们敞开大门，不要鄙薄个体户，从商也可以。中国历来轻视商人，如今，政策变了，观念变了，自食其力，行行出状元。）

69. 学校与社会

（人们常说，在学校里，人是单纯的人，理想是五彩的理想。可踏入社会后，人复杂了，理想灰了。如何看待？敢于直面人生的人，是勇者；勇于坚持理想的人，是强者。）

70. 给母校留下什么

（马上要毕业了，给母校留下什么？栽一排小树，绣一块桌布，赠一面大镜，送一本相册……这虽流行，但建议与老师、领导做一次长谈，或写一封信，一方面道谢，另一方面对教育教学，从学生的角度提出一二点宝贵的意见。）

71. 漫话人生

（人生不是梦，也不是戏，而是实实在在的生活。人生目的不是求一己私欲，而是为人民。而对人生，敢于实践，勇于创造，才有价值。）

72. 最后一次讲话

（在和同学们相处的日子里，班主任一定有不当之处，请同学们留下宝贵的意见。我要的便是这种无价之宝的礼物。临别赠言：人生道路长，人民恩情岂能忘？人生目的壮，千难万险岂容挡？人生友谊深，天各一方情意长。）

实践表明，讲话有提纲、有序列、有内容、有形象、有道理、有情感，就能使讲话效果事半功倍；反之，临时应付，信口开河，指摘过多，就会使教育走上歧途。如果收集整理全国班主任讲话之精华，汇集一册，也许是各位班主任的"福音书"吧！

二是讲究言语艺术，含笑讲道理。讲话，不仅要有丰富的内容、闪光的思想，还要有亲切活泼、含笑讲道理的讲风。

古今中外，不乏含笑讲道理的名师大家。在毛泽东同志的著作中，那一句"唉，又亏了"的令人忍俊不禁的形象语言，把小资产阶级每况愈下的经济状况刻画得惟妙惟肖；那一个鸡蛋和石头的比喻，把哲学中内因和外因关系阐述得何等透彻明了；那一个"愚公移山"的寓言，唤起了全党、全国人民推翻三座大山的坚强决心；至于那篇《反对党八股》的报告中，"笑""大笑"……俯首即见，可以想象，毛泽东同志当年讲话是多么风趣！确实，听这样的讲话，如坐春风。古希腊杰出的唯物主义哲学家德谟克利特，对哲学、数学、天文、地理、美学以及心理学、伦理学等都深有研究。他把各种知识熔为一炉，自成体系，在当今享有极高声望。但他却不因此摆出一副大师的架势，而是十分谦和、宽厚，总是以微笑迎人，人称他是"含笑哲学家"。他在阐理时，也总是千方百计把道理讲得诙谐有趣，含笑作风洋溢在言语之中。

怎样做到含笑讲道理呢？

一要平等待人，切勿以教师自居。班主任讲话的对象是学生，是教师的"上帝"，要打动他，就得平等待人，诲人不倦，使讲话具有感染力；要抓住他，就得亲切自然，和蔼可亲，使讲话具有吸引力；要深入人心，就得有情有理，忌偏忌急，才能有说服力。

二要知识广博，切勿孤陋寡闻。班主任头脑应该是一个记忆丰富的仓库。在这座仓库里，应储存100个正反面的人物形象，200条古今中外的名言，300个生动活泼的故事。这样讲起话来，便会得心应手，生动活泼。

三要讲究技巧，切莫掉以轻心。苏联教育家马卡连柯说："只有在学会十五种到二十种声调来说'到这里来'的时候，只有学会在脸色、姿态和声音的运用上能作出二十种风格韵调的时候，我就变成一个真正有技巧的人。"遗憾的是，我们没有看到用这么多声调说"到这里来"的材料，但具有意义的是，这话启示我们要重视讲话技巧，不能以为说清楚就够了。很多学校、班级一听起报告或听班主任讲话，或纪律不好，或漠然视之，原因之一就是说话者讲大白话，一点也不生动形象。重视讲话技巧，就是要善于含笑讲道理，善于运用体态语言。什么是体态语言？就是指人的姿态、动作、表情和手势综合运用而表现出来，诉诸听众的无声信息，它的作用不但能弥补有声语言的不足，直接表情达意，而且还能以有声语言所代替不了的立体形象这一特点，给听者以直观的印象、美的感受。听一个报告录音，和直接听一个人作报告，感受大不相同。前者有声无形，后者有声有色，好听多了。这种体态语言要求举止大方，使听众感到你诚恳正直；面部表情丰富，使听众随着你面部的变化而喜怒哀乐；眼睛要注视听众，使听众能和你交流着情感；手势要表情达意，使听众能展开联想。要使自己讲话技巧日臻娴熟，还有待自己多听听自己的讲话。讲话时，录下来，讲完后，自己听听，便会发现长短。扬长避短，就会使自己的讲话更加动听。

作者在温州教师教育院讲学后的合影（2010年）

The fifth album
第五辑

众议自我教育

人总是被人说道的,尤其在他有与众不同言行之时;人总是渴望赏识的,尤其在他刚有点思想破土之时。我特别对敢峰、李道仁等先生心存感念:班会实录初次亮相,值周班长制正被议论,他们的支持,如同"好雨知时节,当春乃发生。"

Jiang Zi Li
Yu
自我教育

班级管理的一个创举

李道仁

左起蒋自立、李道仁、叶序顺（1993年）

班主任如何管理好一个班级，是关系到全班同学能否健康成长的关键。按照传统教育的做法，班主任往往是自己选拔几位得心应手的班干部管理全班事务。选拔干部的标准一般是听话、服从。这种干部一经确定，常常是一学期、两学期甚至几个学期不换，干部成了"终身制"。这样选拔班干部的方法带有很大的主观性和片面性，已经远远不能适应现代化教育的需要了。从教育的观点看，全班同学都是正在成长时期的年轻一代，人人都需接受教育，经受锻炼。当班干部是全面锻炼学生的良好途径和方法。因此，班干部不应当由少数学生所垄断，不能搞干部"终身制"，应当让更多的同学受到锻炼。这是培养班集体，通过班集体教育学生的一种行之有效的途径和方法。武汉中学模范班主任蒋自立老师在这方面做了大胆的实验，创立值周班长制，取得了可喜的成绩。

蒋自立老师是一位热心于班主任事业的人。他不满班主任的现状，用他的话说，就是"不满陈旧的观念、不满甚微的效果、不满低下的水平、不满模糊的评价、不满……"不满，使他奋进。为了改进班级管理工作，他做了不少调查研究，发现传统的班主任管理模式往往是"看管式""保姆式""轰炸机式""关系式""遥控式"。学生处于被动地位，只需把学生管住，不出事，就是班主任的"胜利"。这种陈旧的封建家长式的管理模式，给学生个性的健康发展带来极大的危害。针对这种弊端，蒋老师决定冲破传统教育的陈旧模式，实行值周班长制，由学生自愿组成班委会，由班长、副班长、班委组成，负责一周的班务。这是班级管理上的一个创举，它给班级管理和教育工作带来了生机，实践证明，这一种行之有效的新型班级管理模式。

值周班长制使学生得到以下几方面的锻炼。

第一，民主意识、参政意识和能力受到锻炼。俗话说："不当家不知柴米贵。"每位同学轮流当班长，要为集体、为他人操劳了。遇到困难的事，还须主动听取他人的意见，考虑大多数同学的利益。这样，班级里上下之间，个人与集体之间，干部与群众之间，民主气氛、参政意识就会浓厚起来；尊重集体、尊重他人、关心集体、关心他人的好风气也会逐渐形成，有利于班集体的形成。

第二，自主、自立的意识和能力经受了锻炼。没当班长的时候，班上之事自己可以不闻不问，依赖班干部去管。可是当轮上自己当班长时，班上的事就再也不能依赖他人了。计划要自己制订，任务要自己去完成，并且要模范执行班委会的决定，还要去说服同学，做同学的思想工作。就是班长值周时间已过，自己不当班长，处于"平民"地位了，也会设身处地地替班长想想，自觉地支持班长的工作，自主、自立的能力都会有所增强。

第三，竞争意识、自强意识经受了锻炼。班长每周换届本身就蕴含着竞争因素。谁上任当班长，都不会自甘落后，总要想方设法地有所创新、有所前进。同学们有所比较、有所议论，这对每届班长来说都是一种压力，都是一种考验。新接任的班长通过这种"角色"的变化，看到自己的长处和短处，看到自己在集体中的地位，也看到班集体中每个同学的长处和短处，从而吸收他人之长，克服自己之短，自强不息，努力进取。

第四，待人处事的能力经受了锻炼。班级是一个小社会、小集体，是我国大社会的一个细胞，人与人之间有着复杂的关系。班长与班主任之间、班长与教师之间、班长与班委之间、班长与同学之间、班长与家长之间、同学与同学之间等人际关系，都需要班长斡旋、处理。我们是社会主义国家，处理人际关系的原则是民主、平等、互尊、互助。班长在班级人际关系中学着用这些原则处理各种关系，才能为将来走向社会如何待人处事做好准备工作。

实行值周班长制对班主任自身来说，也是一个考验，需要有教育观念上的转变。首先，要不要每个同学都轮流当班干部的问题。有的人也许会认为，每个人的能力有大小，不一定每个同学都适合当班长和班干部。因此，对班长值周制表示怀疑。我们知道，班级管理主要是教育学生，教育对象是全班同学。班上同学轮流当班长，是教育学生、培养学生多种能力，使学生的个性获得充分发展的好形式。从这种意义上说，每个同学都应当有这个锻炼机会，而不能是少数人独占。越是能力差的缺少锻炼的同学，就更需要这种锻炼。其次，是否相信每个学生能够当好班长的问题。有人认为,每个学生能力有大有小,有的当得好,有的不一定能当好,因而担心会影响班级工作,这种关心是可以理解的。不过,学生正处在成长时期,他们的知识、品德和能力都还没有成熟,没有定型,正需要在实践中磨炼。每个同学通过当干部的实践活动,把知识与实践结合起来,思想与实际结合起来,使他们的知识、品德和能力经受实践的检验,个性才能得到进一步发展。这不论是培养学生,还是改进班级工作,都是有好处的。学生当干部的能力不是先天的,只有通过实践锻炼才有可能培养起来。最后,对班主任是增加了负担,还是减轻了负担?是推动了班级工作,还是阻碍了班级工作?实行值周班长制,最初当学生还不习惯的时候,可能班主任需要付出较多的力量。一旦同学们上了套路,每届班委会都能比较顺利地交接工作的时候,班主任的负担会逐渐减轻下来,但对班主任素质的要求、对班主任指导班委会工作在质量上的要求则会越来越高。另外还需看到,值周班长制一方面会要求班主任给予高质量的指导,不能袖手旁观;另一方面班长们会给班主任不断输送大量的反馈信息,为改进班级工作,提高班级的教育、教学质量提供可靠的依据。班主任一个人的智慧和能力是有限的,可是如果把全班同学的积极性通过值周班长制都调动起来,集体的智慧和力量将会更强大。

(作者系华中师大教授,原载《湖北教育》1989 年第 4 期)

值周班长制实验鉴定会纪要

时间：1988 年 1 月 27 日

地点：武汉中学会议室

陈轶伦校长：过去，较多听到入团入党的鉴定会。今天，由武昌区班主任工作研究会和我校联合召开的值周班长制实验鉴定会，可以说是一种新的尝试。欢迎各位教授、专家和兄弟学校领导来本校指导。下面请值周班长制的实验者蒋自立老师报告实验情况。

蒋自立：实验报告已发给各位，我就不念了。只想说点文字外的东西。

为什么要搞这个实验呢？

第一，"百年大计，教育为本。"国家视教育为立国、治国之本，真是远见卓识。作为教育工作者怎么务"本"呢？我过去只是些零碎的经验，没有用实验来证实某些教育规律。经过几年积蓄、思考之后，认识到科学务"本"，要抓实验。因此，我萌发了用实验推动教育改革的念头。

第二，不满是上进的车轮。我们对于教育的现状不满，主要表现为对教育只追求升学率不满，对教育的效果不满。这种不满推动自己去努力探索。我们常喊"要上级、要人家重视教育"，但教育本身不能有所作为，怎能让人重视呢？

第三，武汉中学领导重视成立教科室，让我负责，还订阅教育杂志近百种。这种情境便自己感到，不拿出点成果来，不足以报答党的关怀。

这个实验实际上是从 1985 年秋开始的。当时，我接高一的一个班，推行值周班长制，但一付诸实践，议论蜂起，特别是教工子弟的家长，反映强烈。尽管在这一年中，我带的班学习成绩名列前茅，运动会上多次夺冠，但就是不承认实验成果。由此看来，有些同志并不是以实绩论是非，而是教育思想在起作用。他们用传统的教育观念看待改革，自然是不习惯。眼看实验进行不下去了，文科党支部书记潘泽生建议，以退为进，另带一个高一，继续进行实验。于是，在 1986 年秋，又在新的高一（3）班进行实验。

由此可见，搞教育实验是十分艰难的，改革不是一帆风顺的。但只要自己坚定信心，那么实验才不会夭折。

潘泽生（高二班主任）：我和蒋老师同在一个年级。我是最先支持他搞实验的。高一，他搞值日班长制，我也搞；高二，我班值周班长制比他们班迟了两周。为什么跟得这么紧呢？我从实践中感到，这个办法好，好在调动了学生的积极性、好在增强了师生的民主意识、好在培养了学生的能力、好在有效地抵制了片面追求升学率现象。我原先管班级是四个字——先死后活。把学生管得紧紧的，结果学生怕我，敬而远之，师生间隔阂拉大。后来，搞了实验，学生对我的看法改变了。开始和我讲真话，为德育实效提供了保证。比方说，有些学生舞弊，我问一学生："该不该处分？""该！"他回答得十分干脆。"是真话还是假话？""假话！"又是一个十分干脆的回答。我问他为什么？他分析了舞弊的面面观，对我了解学生帮助很大。我接受了他的建议，逐个谈心。到了期末，第九届值周班长写了倡议书，倡议全班"以扎扎实实的复习、端端正正的考风，去迎接这次期终考试"。全班72人，有59人签了名，占了大多数，效果好多了。再比如"对话热"对学生影响大，他们搞了一次和我的对话。那天，我一走进教室，讲台被隔开了，我奇怪了。主持人说："平时，讲台隔开了师生情；今天，讲台搬开了，我们想师生通过对话，就会情真意切了！"对话搞得相当成功，我也受到教育：相信学生，才能教育学生、才能促进集体具有凝聚力。只有转变这个教育观念，才能真正搞好这个实验。

徐慧（武汉市39中教师）：我带的班也搞了这个实验，的确给班集带来了显著的变化。学生也相当欢迎这种管理办法，可以说是100%的学生拥护这种管理改革。

（午餐后，与会代表抽空参观了"董必武同志创办武汉中学旧址"。下午一时，鉴定会进行第二项，由两个实验班的九名学生代表和与会者进行对话，以了解学生对实验的看法和实验的成果。此时，湖南省长沙市教委教育参观团，一行五人闻讯赶来参加会议。）

曾宪文（武汉市26中教师）：你们当班长时要写日志，必定涉及记同学的名字。写的时候，你们怎么想的？写后，同学看了，有什么反应？

冷雪（高二学生）：桌子上摆了我们写的几本班长日志，老师可以看得出，同学对记名字有各种不同反应。有的同学看后，在下面画了横线，批阅"很好"；也有的打了问号，显然不满意。我在写日志时，只想自己写得真实不真实。真实，效果就好。当然，要说得婉转些。

李林海（高二学生）：我们曾为记名字问题展开过全班辩论。争论的结果是：为了治病救人，要敢于批评。

曾崎（武昌文华中学团委书记）：自由组成班委会时，有没有没人要的？

马明轩（高二学生）：没有。

潘茂生（武汉市卓刀泉中学教师）：一周换一次班委会，这是不是像"走马灯"一样？

李林海：各个班委会用不同方法来治理班级，都是为了一个共同目标，就像治疗病人一样，这个医生用理疗，那个医生用针灸……（众笑）

李道仁（华中师范大学教授）：实行值周班长制后，班主任怎么发挥作用？

马明轩：可以用这样一个公式来概括，叫"信任＋引导"。信任，表现在放权上。比方说，过去什么时候放学，是班主任的专利权（众笑）；现在这个权归值周班长了，班长根据实际情况，决定什么时候放学。引导，表现在每届班委会上任之前，要开一次班主任和值周班长联席会，以班长为主，班主任指导，提出一些建设性意见。每届班委会任期结束，再开一次联席会，总结经验，指出不足。

秦立（长江日报记者）：班上出了问题怎么解决？

方波（高二学生）：那得看事的大小。小事自己解决，大事才找班主任。

李林海：过去，事无论大小，都找班主任；现在先找值周班长，班长依靠一班人来解决。

张炜（高二学生）：发挥小群体的作用，减少依赖性。

李林海：《丑陋的中国人》作者柏杨说，"三个中国人在一起就变成了虫。"我看三个臭皮匠顶个诸葛亮，诸葛亮乃卧龙也。

陈元春（武昌区教委会中教科副科长）：一年半以来，当了几次班长？

杨琳（高二学生）：七次。

陈元春：请说说从第一次到第七次的主要感受。

杨琳：刚开始，我是"被迫地"当班长的，觉得民主来得太快。当班长本来是个官，但又扫地，一个人扫一个教室，很累。这样又当官又当清洁工，觉得挺有意思，这是过去没有的，大大增强了自治自理的能力。像这样一次次下来，值周班长制被大家接受，也被我接受了，觉得它是很好的制度。

周浩元（武汉市洪山区教研室党支部书记）：你们这样干，动力何在？管理班务占去那么多时间，难道不怕耽误学习？家长又怎么看？

李林海：学习，不仅仅是学书本知识，还要学许多其他方面的知识，比如管理知识。我常想，你学的单一的书本知识，我们却学到了书本以外的多种知识。

冷雪：有的同学拖地，连拖把都不会用，当了班长，就得学，于是便学到了自我服务方面的本领。我的母亲没有说我这样做影响学习。况且每个同学一次只值一周。

张炜：学会自我管理、自我服务对将来有好处，这就是动力。

长沙代表团一女同志：你们班发生早恋现象了吗？

杨琳：男女生之间的正常接触，不是什么早恋。

李林海：张贤亮写了关于中学生早恋的小说，说得言过其实。

张炜：不要随便给学生戴什么早恋的帽子，那会毁掉一个人的。

李培永（华中师范大学一附中教师）：张贤亮有些猎奇，把个别当一般，也可能为了顾及效益。

（对话从一点开始，一直进行到两点半，言犹未尽，但学生次日要期末考试，校长请他们退场，发言继续进行。）

朱年华（武汉市汉阳区教委中教科科长）：问一个小小的技术问题，每届班委会是怎样产生的？

蒋自立：学生自由组合，人数或多或少，少的四人，多的六人；再依次排成各届班委会。

靳岳滨（武昌文华中学副校长）：请问学校领导怎样支持这个实验？

陈轶伦：蒋老师的改革引起家长的很大反响。有的家长写信给我，担心影响孩子学习,我就把他请到学校来,向他宣传我的教育观念,讲大学的要求,会自学、会自理,才能成为人才。也有家长跑到学校问我,高二(3)班搞的什么改革,我儿子早上起床,不用别人叫了,我说是值周班长制,家长高兴地说:"这真好,调动了孩子的积极性。"

靳岳滨:明天就要期末考试了,学校有些事要交代,但舍不得离开,这活动真是大开眼界。武汉中学做了很有意义的工作。民主意识的培养,对于我们这个古老的国家来讲,更有重要意义。淡化当官意识,值周班长制是一种典型的淡化。教育看先导性,现在像这样做了,将来能上能下,就不需做培训工作了。培养参与意识,不能停留在口头上,应该通过像这样的实验来达到。陈校长讲话很受启发,改革需要领导支持,陈校长带了个好头,我要向他学习。

左起蒋自立、李道仁、严正、周浩元(1997年)

李道仁:参加这个会很受教育。蒋老师长期搞班主任,长期从事班主任工作研究,他是湖北省德育研究会的骨干,做出过很大的成绩,每次研究会开年会,都请他作报告。开示范班会,这是对他的成绩最好的承认。值周班长制实验,又走在前面,很有魄力。我过去对他了解不深,今天算是又进了一步。这个实验带有创造性,以前实验中学搞过干部轮换制，当时认为不错，但还没有这样大胆地干。传统教育的框框厉害，学生活动少，搞得学生很呆板，到了大学，能力差、高分低能、假象很大，有的是作弊考进来。管得太死，就出现这样的弊端。相反，像蒋老师这样，让学生培养民主意识，亲自做一下，就大不一样。虽然只有一天、一周，但印象很深，影响深远。这个实验突破了传统的做法。实验得到陈校长的支持，我们十分赞赏陈校长的态度和做法，像这样热心支持改革实验的校长不多。所以，我今天是非来不可。讲远点，最近中央开了关于教材的审订会。我国教材比西方教材程度深，而且分量重，超过国情太多。文盲那么多、教师水平那么低，可教材那么高深、学生消化不了，老师也消化不了，只有一天到晚上课。

西方教材都开始降格。前苏联、日本过去和我们一样，现在前苏联认识到了，教材降格，而且学生上午上课，下午一律不上课，搞课外活动，发展个性。不然，很多人才被埋没了。我国对此有些认识，但绝大多数为升学压力所迫，只搞死读书。在这种情况下，像蒋老师这样搞实验，更是了不起。我认为，这个实验真正贯彻了"两会"方针，全面贯彻教育方针，面向全体学生，让学生毫无例外地得到发展。学生在一个礼拜内得到闪光，老师就可以发现各种不同人才的苗子，抓住个性特点，因材施教，就能为"四化"培养各种各样的人才。以后大学有的就不包分配了，你还不注重培养能力，毕业生怎样适应社会需求？再一点，教育就是培养学生学会做人，正确处理人际关系。学生做人的能力差，比方大学组织一次活动，常常搞得不欢而散，水平低；同一个寝室，那么几个人，也不会相处，只顾自己一张床，其他不管；大学生到教师、教授家不知怎么开口……这说明：中学只顾叫学生解题，成了书呆子，不会做人。像蒋老师这样，一当班长，人人当，在无形之中练习了交往，培养了做人的各种能力。搞这个实验，班主任担子不是轻了，而是要求更高了。因为，人人参加班级管理，给班主任出了许多难题，过去没有当过干部的要手把手地教;当了的要提高他们;出了矛盾,要及时解决……反正各种各样的问题都要求班主任处理。如果班主任知识不广,能力不强,改革意识不坚定,就不能搞好实验。为什么蒋老师这么受学生欢迎呢?不外乎他善于把教育心理学运用于实验中。实质上,这也是班主任自身素质在提高。这个实验要宣传、要推广。这是中学改革的一个突破口,也是班级管理的很好方法。我希望继续努力,实验出优秀成果,向全国德育学年会献礼。

肖沛霖(武汉市教育科研所德育研究室主任):总的感觉是,这个实验是远见卓识的实验。它的根本意义在于符合"十三大"的精神——政治体制的改革,民主政治的建设,提高了德育的效益、增强了班级工作活力、调动了各方面的积极因素。总之,这个实验解决了德育中许多重大问题。从政治上讲,干部终身制是我国一个痼疾,带给当代学生或多或少的影响。教育着眼于将来,将来大概不存在干部终身制吧!这就要求从现在起,培养学生能上能下、能官能民的意识。这个实验富有远见地进行这方面素质的培养。从思想上讲,我国学生独立自立意识差,工作了还是什么都要依靠二老"倒贴"。这两个班搞了实验,抱大的一代不要再抱了,真是难能可贵。这证明"只有早放手,才能早独立;只有早当家,才能早成熟"这个观念是正确的。从班主任工作上讲,过去班主任工作脱离实际,与学生距离远。这样一实验,学生自己组织活动,就贴近了学生,德育落到了实处。从师生关系上讲,过去喊学生是主体,但实际上是有"体"无主,放不到主体的位置上。这个实验真正做到了学生是主体这个教育原则,协调了师生关系。从德育研究方法上看,开创了新局面,突破了"六经注我、我注六经"思辨型的科研方法,用长期的实验来印证假想。这个实验象征并预示武汉市班主任工作有了崭新的突破。这个鉴定会,过去许多成果都未被推广。在这点上,武汉中学带了个好头,陈校长做了开创性的工作,我将尽自己的最大努力,做推广宣传工作。

周浩元：我感受颇深，武汉中学这所具有革命传统的学校又重现光芒。学生口头表达能力强、盘得活、训练有素。这个实验符合改革方向，具有强大的生命力。陈校长不愧是个伯乐，发现人才、尊重知识，让蒋老师、潘老师大有用武之地。我们洪山区一定把这个东风借回去，好好抓抓，让这个实验得到推广，得到更多的印证。

陈轶伦：时间不早了，鉴定会开得很成功。第一，它让大家知道了武汉中学有个值周班长制的实验；第二，教授、专家和同行初步认定了值周班长制，是班级管理教育工作的一次突破和有益的尝试；第三，它在一、二类学校的高中班级有推广价值、具有一定的可行性。当然，这两个班继续实验到高三，届时再欢迎各位来校作最后鉴定。谢谢！

（鉴定会一直持续到下午4：30。散会后，与会者三三两两交谈，洋溢着探索教育规律的热烈气氛。）

（何安娜整理）

教育部原副部长
张健对值周班长制的评价

左起朱复华、陈轶伦、杨向玲、张健、彭玉谷、金为民、蒋自立

　　1988年6月，国家教委召开全国中小学德育工作会议。会后，国家教委贺允清教授应时任武汉市教委副主任彭义智同志邀请，于6月8日来武汉中学了解德育工作情况，听取了学校汇报后，当场敲定武汉中学为全国"中学德育整体改革"实验学校之一。返回下榻处，贺允清教授与教育部原副部长张健谈及武汉中学，张健十分感兴趣，并于6月10

日，在彭义智、朱复华、彭玉谷、杨向玲、莫惠庸等武汉市区时任教委领导同志的陪同下，风尘仆仆来到武汉中学视察，并作了重要讲话。

"看了，听了，感到你们把董老的遗言做到了，办出了特色，学生自我管理能力高，你们的值周班长制做法很好。管理是我国最薄弱的环节，可管理是无本万利的事。管理的核心是解决人际关系，正确处理好国家、集体、个人三者之间的关系，正确处理责、权、利三者的关系。教育不光讲道理，要有实践活动。深圳大学的经验是由学生来管理，他们是大学的做法；你们也有特色，给人印象很深。一个学生不可能样样都好，不能包打天下，有一条长处就可以了。中学大学升学率高一点，但连清洁都管不好，到处很脏。学生的日常行为规范，连资本主义国家都比我们搞得好，我们有的同学比较野蛮，动不动用刀子捅人，这怎么行？你们的特色要保持，但也要增强新东西，如对外开放，就要多引进一些新的科学技术信息。你们的特色还表现在文科方面，董老就是搞法律的，如果你们在文科上办出特色来，那对国家的贡献就更大了。因为我国民主和法制建设还不完善，而你们学校培养了学生的民主意识，调动了学生各方面的参与意识，将来才能当一个有进取精神的好公民。你们这些经验很好，材料我回去还要看看。"教育部原副部长张健评价道。

《中国教育报》对值周班长制的报道

值周班长制等三个制度的实验,引起了新闻媒体的广泛关注。1988年11月28日《湖北日报》以"激发学生参与班级管理的积极性,武汉中学试行'值周班长制'"为题做了报道。接着《中国教育报》于1989年2月16日头版做了如下报道:

"执政"一周方知"从我做起"的道理
——武汉中学试行值周班长制

本报讯(记者杨松)"我在班上一直默默无闻,总认为自己这不行,那不行,不想我居然当上了班长,头一次有这种机会显示自己的才能。"架着一副深度近视眼镜、貌不惊人的武汉中学高三(3)班学生杨琳对记者这样说。看得出,他对有机会在班"执政"一周十分满意。

1986年秋,身为班主任的武汉中学语文教师蒋自立有感于班级管理死气沉沉和学生对班主任"看管式""保姆式"的管理不满,首先开始"值日班长制"的实验。翌年,他又将一日改为一周。"值周班长制"的具体做法是,学生自由组合,每六人一组,组成若干个班委员,每个班委会推选班长一人,其余均为副班长,负责一周的班级事务。各班委会轮流"执政"。"执政"期间，不仅要负责班上纪律、卫生，处理本周内各种偶发事件等一应事务，还要至少组织一次有意义的活动，办一期黑板报。这项制度的试行，激发了学生强烈的管理、参与、服务、民主意识，增强了学生的主人翁责任感。

担任过副班长的冷雪和苏炬，过去搞卫生时"想溜就溜"，后来成为最卖力气的"清洁员"，他们在值周日志中写道："多出点力，流点汗，换来同学们的赞扬、理解和信任，使我明白，为他人服务，会使人感到你热情、真诚和无私。"一些同学亲自参与班组管理，懂得了"不当家不知当家难"的道理，理解了改革的艰辛。试行"值周班长制"的钱莳、娄齐玉和王惠云老师都高兴地说，"现在孩子们最大的收获是摆正了自己的位置，懂得了扎扎实实、脚踏实地、从我做起方能成才的道理。"

目前，"值周班长制"实验已扩展到武汉市内外的三十多个班级。

（记者　张洁）

《武汉晚报》对校长值周制的报道

轮流执政的"小校长"
——武汉中学学生校长值周活动见闻

"老师们,同学们!"文静,稚气未脱的武汉中学14岁的初二女生李文芳,站在操场主席台上,面对台下排列整齐的一千多名师生,镇静自若地开始了她的"施政演说",俨然一副"校长"派头。站在她身旁一左一右的是13岁的"副校长"李静和刘振华。

"大家都感觉到,我们的校园整洁干净,教室也布置得井井有条,遗憾的是,老师们的讲台,仍然是'光灰的世界',这怎么能让老师有好的心绪讲课呢?"李文芳清一清嗓子,打着有力的手势继续说:"作为本周值周校长,我提议本周内'让老师见讲台笑逐颜开'……"

我们小声开玩笑地对站在台下的校长陈轶伦说:"小校长安排布置得这么具体,你怕要成'傀儡'校长了。"

陈校长满意地向我介绍,学校开展"学生校长值周"活动已近一年了。每周由一个班推选出三名学生任正副"校长",另外推选三名教职工协助正副"校长"管理,周而复始,轮流"执政",学生校长执政期间主要负责学校清洁卫生、公共秩序、课堂纪律，收集学生反馈的信息，组织有意义的活动等等。

"施政"演说在一片掌声中结束。接着，李文芳和她的副手利用课余时间开始履行职责：新组成的"小记者团"对本周内校活动展开采访；由小"校长"任组长的"校务检查组"每天认真检查各项内务；校门口的墙报每天更换一期，那上面有"给班主任的建议""讲台检查结果公告"等内容。

学校食堂不大，中午有近千人就餐，队排得老长，一些"调皮鬼"不时插队，"副校长"刘振华生来一副好块头，搬来凳子，往上一站，秩序马上好多了。原来，学生们都知道了，小"校长"拥有申请学校处罚违纪学生的权力。

一周下来，小"校长"们的"施政目标"大部分得以圆满完成。教师们见到干干净净的讲台，真的"笑逐颜开"了。

我们问李文芳："你当值周校长不觉得胆怯吗？"她莞尔一笑："不怕，我们都已经不是第一任了，感谢学校让我们参加这项活动，我们由此认识了自己的能力，增强了信心，现在我不仅管理、组织能力强，学习成绩也进一步了。"另两名曾担任过"值周校长"的周东锋和王沛说："有人说，只有外国的中学生才活泼、大胆，富有创造精神和管理才能，其实中国的中学生一点也不逊色！"

（《武汉晚报》记者　朱介纯　《中国教育报》记者　杨松）

长江后浪推前浪
——湖北省语文教改新秀剪影

雷秋山

左起胡明道、李赔永、黄若儒、陈文国、李更仪、蒋自立

气势磅礴的长江，穿过"处处是急流，处处是险滩"的西陵峡，江面宽阔开来。

九省通衢的湖北，继陈治平、洪镇涛、胡吉章、康中柱、吴鸿基、吕思检、潘曙君等特级教师之后，又涌出一批教改弄潮好手。

他们勇于开拓、坚持改革，活跃在湖北语文教坛，正在由扬子江畔走向全国。

他们是——

造就"小市长"的李培永

提起"小市长"，人们不由地想起三年前，因写《假如我是武汉市长》而闻名的王江同学。一个13岁的女学生居然如此"野心勃勃"，要当"市长"，是谁给她斗胆，是谁给她大智大略？王江深情地说："是我们的李老师。"

华中师大一附中的李培永老师，是一个富有个性的中年教师。1982年秋，他参加了湖北省语文教材改革实验。改革的潮流，把他推到波峰浪尖，干起了"冲浪"的事业。他敏锐地发现许多不合教育规律的现象，积累了近200万字的教育资料，勇敢地摸索具有自我特色的教学体系：即培养学生敢问多问会问、敢说多说会说、爱写多写会写，简称两"敢"一"爱"。两"敢"一"爱"是对学生心理素质的训练，是对传统文化积习深层的爆破，是"三多""三会"的心理基础。"三多"是科学训练量和质的要求，是打破老师"一讲到底"的重要手段，是提供给学生以发展能力的广阔天地。而"三会"是学法的指导，是方法和技巧的掌握和运用，也是"敢""爱""多"的必然结果。三条线、三步台阶，熔于一炉，王江式的学生便锻造出来了。

怎样让学生敢说、多说、会说呢？李老师认为，关键是教师要善于设置最佳"语境"，选准刺激学生非说不可、不说不行的兴奋点。

这是一堂作文课。上课铃响了，李老师穿了一套崭新的西装走进了教室，学生眼睛为之一亮，闪烁着新奇的光彩。李老师会心地微笑着说："怎么，想议论一下穿西装？行呀，今天请大家就这件事评头品足，题目就是《从李老师穿西装谈起》。"话音未落，教室炸开了锅，可见他选准了说话的兴奋点。

一个男同学说："中国人穿西装，崇洋媚外，还是穿民族服装好。"他特意把"西"字说得重重的。王江和魏贤芳等同学立即反驳："民族服装是什么？长袍马褂，再拖一条小辫？"（众笑）"不，是中山装。穿西装当然可以，可是体现不了民族精神。""不对，民族精神不应只体现在服装上，更重要的是体现在行动上，体现在精神风貌上。"如此七嘴八舌，在课堂里出现欲罢不能的局面。

实验三年，该班接待了20多个省市听课者1000多人次，尽管面孔陌生，学生们却旁若无人、敢说敢为。三年中，该班学生23人（占全班46%）的优秀作文，共50余篇，在《语文学习》《少年文艺》《语文报》等报纸杂志上发表。这些成绩，常规的100分制岂能容下？传统的标高又怎能评估？至于王江那篇文章，更激起了多少少年奋发向上！

改革"诵读法"的陈文国

在武昌实验中学也有一个教材改革实验班，实验五年，而今已进入了高三。主持实验的是刚进入不惑之年的陈文国老师。他，稍高的个子，脸上总漾起微笑，令学生又亲又敬！

《长江日报》报道了他实验的成果。他所教的班在高一高二时，两次与应届生同时参加语文高考，人均成绩1986年为81.5分，1987年为82.6分，均超过了当时湖北省平均成绩。

陈老师认为，语文教师必须更新观念、更新教法、更新知识。培养学生具有"三个面向"能力是观念更新的核心；教学生会学与使教师会导是教法更新的两个原则；接受专业知识，学习先进教育理论和改变单一的知识结构，是教师自身知识更新的三个内容。

三个"更新"，开拓了陈老师教改的路子。他把改革的触角伸向了文言文。"诵读"是学习文言文的传统方法，如何对待？陈老师说："要扬弃，勿抛弃。"他巧妙地留下诵读法的合理部分，细心地进行了五个方面的改进：一改"只读不思"为"读思并举"；二改一种读法为多种读法；三改单向思维为多向思维；四改"字字落实"为整体理解；五改死记硬背为科学记忆。通过一年的教学实践，终于摸索出从"整体入手、以疑诱读、以读激思、以思促记"的新的文言诵读教学法。在语文教学界引起了一定的影响。

这天，湖北沔阳教委大会议室里坐满了听课的教师。陈老师在这儿上诵读法的公开课。按教学计划，一节课45分钟，陈老师既要让初一学生学懂《狼》这一课，又要当堂背诵，这比传统教法要节省一半的时间。人们拭目以待，想看陈老师的高招。下面是"以思促记"的教学片断：

师：课文的第一层有两句话，如果改成"一屠归。两狼缀行。"行不行？

生一："简简是简单，好背。但没有"晚"字，就没时间了。

生二："途中"也不能省，因为它点明了故事发生的地点。

生三："甚远"说明狼狡黠，也不能漏。

生四："肉尽"和"剩骨"与后面的情节发展关系很紧，也不能省略。

师：同学们说得很对，这些词语都不可少，所以背诵时可别遗漏了。好，我们诵读一遍。

一遍下来，几乎全班都能背诵。显而易见，陈老师巧妙的一问，旨在问出故事的时间、地点、情节等要素,学生在回答时,便在思考、便在记忆。只有一节课,果然达到了预定的教学要求。他的论文《读不废思》荣获武汉市中学语文教学年度优秀论奖!1986年他应邀到山东曲阜讲学,受到来自全国各地千余名学员的欢迎。

讲究课堂艺术的胡明道

这是公开课《变色龙》的课堂。在武汉六中胡明道老师的诱导下,学生个个画出了警官奥楚蔑洛夫对狗态度变化的心理曲线。参加听课的湖北省语文教学法研究会讲习班的学员,无不暗暗叫好。只见胡老师眉头一皱说:"这条曲线很多参考书上都有,看来是被行家里手肯定了的,大概再也不可能画出更好的了。"学生被激动了,有的脱口而出,"那不见得!"胡老师喜形于色,"说得好。好在不迷信、好在有志气、好在想创新。"接着,她若有所思地说:"一个案子嘛,既有被告,又有原告。警官对被告的态度我们知道了,那么,对原告态度的心理曲线又该怎么画呢?"话音未落,有学生居然径直上黑板,顺手画了出来。胡老师喜上眉梢,不失时机地说:"谁能找出这两条线的内在联系,将它们合成一个图?这可是个创造性的劳动呀!"说罢,胡老师笑容可掬地看着学生,仿佛在寻找学生眼中那闪光的一触。"啊!一个,两个,三个同学举手了。""好,第一个举手的同学请上来!"话音里浸透了喜悦。只见这个学生,一个和胡老师只有一节课接触的宜昌学生,在黑板上画出了警官对人对狗的综合心理结构图:

霎时,课堂轰动了,有的竟鼓起掌来叫好!这就是胡老师那迷人的课堂教学艺术。

在多年的教学实践中，她已形成了"生动、自如、富有创造活力，具有课堂艺术魅力"的教学风格。在课堂上，你看到的她是那样轻松自如、谈笑风生、指挥若定，仿佛一切都是信手拈来。胡老师说这"轻松"，这"话"，都来自于心中的"底"，而这"底"就是课前的精心设计。原来，这一颦一笑，举手投足全在她的设计中！她要求自己灵活地、创造性地组织课堂教学，每一节课都要有一点不同一般的突破，为了这"一点"，她常常要付出不知"多少点"的劳动！一个问题的提出角度，一条板书的设计安排，她有时要痴痴迷迷想上好几天。

她提出，一个语文教师手中要多储备一些教学方法。方法多了，就能灵活选用、左右逢源。在确定每一课教法时，她坚持三性：具有思维性、显示独特性、富有趣味性。根据这个原则，她归结了小说教学十法（评注法、铺路法、比较法、图示法、切磋法、咀嚼法、激问法、赏析法、续编法、表演法），摸索了"质疑、探胜、评文、求新、索巧"一条龙发展创造性思维的读写训练方法。

辛勤的耕耘终将换来收获。几年来，她先后应邀在省内外上了 45 次公开课，听众达 7650 人次；报告 32 场，听众 4510 人次，并荣获了省、市语文处（会）优秀论文奖。

探索教改理论的蒋自立

"蒋老师，你有封信。"武汉中学传达室飞出一个熟悉的声音。又是一位同学的来信。有人羡慕不已，好奇地问："哪有这么多学生给他写信？"

原来，蒋自立老师在教改实验中，对学生进行过心理控制训练，为学生设计了"满怀兴趣地学习""增强自信心""集中注意力""提高记忆力"和"喜爱阅读"等非智力因素自我实验的具体步骤，有力地提高了全班学生学语文的心理素质。其中"怎样使自己喜爱阅读"自我实验步骤在《中学生阅读》1985年8~9期上发表了。近年来,蒋老师共收到全国各地实验者588封来信,572人情不自禁地向这位素不相识的老师报告自己"实验成功了"的好消息。

42岁的蒋自立有些陶醉了,甚至滋生了一种得意感——近10年心血没白费。想当初,他从课堂上下来,口干舌燥、精疲力竭,但无论如何也唤不起学生较持久的学习兴趣。老校长卢世璋启发道:"没有理论,怎有生动活泼的实践?"从此,他从《普通心理学》学到《教育心理学》《学习心理学》《课堂教育心理学》《创造心理》,主张语文教学需研究学生的心理,并脚踏实地在教学中运用心理学。他发现学生之所以厌学、不会学,关键在于教师学习观的片面性。习俗的学习观认为,学习就是使学生获得知识或技能,因而重知识传授,轻积极性的激发;重老师传授,轻学法指导。蒋老师通过教育调查和研究认为,学习具有多维性。因此,蒋老师力争在每堂课融"认知、情感、方法"为一体,让学生学得生动活泼、愈学愈想学、愈学愈聪明。

新学年第一节课铃声响了。蒋老师从学生脸上看出他们"更上一层楼"的欣喜心情,便说:"祝贺大家升入三年级。好,我们开学第一堂课便以《更上一层楼告诉我们什么》为题,进行口头作文,看谁能讲出新意。"霎时,训练有素的学生议论开来。蒋老师认定,这是智力火花迸发的大好时机。请听学生七嘴八舌的发言:

"请大家看看,我们班男生,过了暑假,个个冲了起来,有点像男子汉(众笑)。人们说,男子汉要有男子汉的气概,我们这组的男子汉发表宣言:人高一寸、志高一尺,更上一层楼,才能名副其实。

说到上楼,我默默地数了数,从一楼到三楼,共40级台阶,每天上学,我们是一步一步地走上来的。这有点像学习上的循序渐进,有昨天的循序渐进才有今天;今天的循序渐进,是为了明天。为了明天,我们要把握住今天！"

如此富有成效的训练取得了成果，蒋老师的学生的口头作文录音在中央人民广播电台播放，演讲发言被电教馆录像，作文被评为《中学语文教学》优秀奖。

开垦美育园地的黄若儒

美是生活。课堂应是师生享有愉悦精神生活的地方，而不是"静听""默念"的教堂。黄老师是这样认定的，为此新课伊始，她采取以"情""趣""奇""疑"四种方式入境，激起学生美的感受，把学生带入美的境界。教《念奴娇·赤壁怀古》时，黄老师面带笑意地讲述了一段趣事：音乐家想选一首歌咏长江的古诗词作歌词，大家不约而同地选上了气势豪迈的《赤壁怀古》，但词太长，有人提议压缩一半。当和几位诗人商量时，诗人哈哈大笑："什么？把词缩短？这是千古绝唱，别说减一半，谁改得了一个字？谁又敢改一个字？"同学们听着，好奇之心油然而生，于是，新课开始了。

美在结构。黄老师不仅上课讲究激起生活美的浪花，而且还注重调节整节课的结构美，既要让学生沉浸在悬念美、情感美、波澜美的情景中，激起智力活动的兴趣，又要让学生感受课堂节奏美、过渡美、板书美、交往美（师生之间、学生之间），保持思维的新鲜感。结束课时，则要让学生体味"云雀虽去，余音袅袅"的余味美。至此，开头、授课过程、结尾形成了一种整体美。

美在创造。常见这样的现象：教师上课时，总盼望学生发言踊跃些，说出新见解，但平常又抑制学生的思维，剥夺学生七嘴八舌的时间。"这怎么行？"黄老师说，"只有平常鼓励创造，学生才能妙思如泉，展现创造的才华。"为此，她鼓励学生寻找"第二个正确答案"，训练学生掌握创造的技巧，允许学生对教师的教学提不同意见。一次学习《孟母三迁》的故事，她说："近朱者赤，近墨者黑，孟母深知环境成才的影响。'迁'是明智的做法。"话音未落，有学生发表异议道："'迁'只改变了外因，没有学习的动力和毅力，环境再好又有何用？""'迁'是不现实的，对环境还是孔子说得好：'择其善者而从之，其不善者而改之'。"还有的直抒己见："'迁'是逃避现实，对恶劣环境不应逃避而应去改造。""吾爱我师，吾更爱真理"，她的学生真正实践了这条格言。

1985年夏，在湖北省教育学会上，黄老师娓娓动听地宣读了自己获奖论文（1985年度全国中语会优秀论文之一）。结束时，会场爆发了热烈的掌声，一些老教育家向她表示祝贺，著名教育家林迪生先生握着黄老师的手连连说："讲得好，把教育美学讲活了，后生可畏呀！"

摸索作文全程教学的史绍典

1984年暑期，上海《语文学习》期刊举办"华东、中南地区优秀青年教师作文评改邀请赛"。来自湖北省公安县一中的史绍典老师，一举夺得高中组"批改、讲评、写论文"三项全能优秀奖。

目睹作文教学的种种弊端，结合自己写作体会。史老师认为，作文教学改革必须是整体的，而不是局部的。因而，他潜心研究作文教学的全过程，努力探求作文"指导—训练—讲评"的一条龙序列。

从作文教学课型来讲，分预备课、指导课、写作课和修改课，所谓预备课，是在作文前五天左右，甚至在开学初，就宣布作文题或作文之源。以修改而言，史老师通过示范，教给学生朗读、重抄、比较、切磋、隔时修改等方法，让学生自己动手修改。

史老师还从控制论的角度，对作文训练进行多种控制。一级控制，指按大纲要求和学生心理进行水平控制；定向控制，指由单向训练，发展到多向训练,达到综合训练;定量控制,规定作文篇数,但修改次数要增多;综合控制,既强调整度,又注重创造性和螺旋性。与此同时,对学生写作心理进行训练,逐步引导学生由模仿、想象而虚构,有效地提高了学生积累生活、审题、立意、表达、修改等作文能力。几年来,他多次获省市论文奖及语文活动奖。我们欣喜地看到这些从农村中走来、走向湖北省、走向更广阔空间的年轻人,正在探索中前进。

长江,以她一泻千里的气势,不可阻挡地冲击着险滩巨礁,向着她既定的目标,执著地、不懈地拼搏着、奔流着!愿新秀们如同滔滔江水,勇敢地不息地奔向无限开阔、无比壮美的浩瀚大海!

(作者系著名语文学者,原载上海《语文学习》1988年第1期)

目中有人
——记全国优秀教师蒋自立

汪发楷

两块色调柔和的镜片,犹如倒扣的两只小酒杯。

"酒杯"底下光亮依然闪烁的眸子,尽兴地释放着沁人肺腑的人情味。

就在武汉中学蒋自立老师这双特有的眼睛之下,一位又一位中学生免除了被扭曲的灾难,放射出了耀眼夺目的人性之光……

个人+个人+个人=?

开学第一课,新同学正襟危坐,心里又像十五只吊桶打水——七上八下。

因为这一课,老师从来就是"杀鸡给猴看",同学们怎能不提心吊胆?

谁知道蒋老师一副常态,神秘地拿起粉笔,将同学的名字在黑板上排出了四路纵队。弹了弹手中的粉笔灰,指了指黑板上的名字,他和蔼的声音才蹦出喉咙："同学们，请你们说说，什么是我们初一（1）班集体？"

"呼"的一声，一位小伙子自信地站起来说："在四个组的姓名中间分别写上加号，后面写上等号，这就是初一（1）班集体！"

蒋老师笑了笑："真不愧为重点中学学生，回答语文问题也别出心裁地用算式。按照这种说法，可以写成这样的算式：'个人＋个人＋个人……＝集体。'"

"但是，"蒋老师故意停顿了一下说，"集体由个人组成，这只是问题的一个方面，似乎还差点什么。"

看着同学们疑惑不解的样子，他抓住战机发出了"连珠炮"，"请看第四组的姓名，写得整齐吗？"

"不整齐！"

"为什么呢？"

"大小不一样""没有整体观念"……

"对！"蒋老师有力地挥了挥右手，"心中没有整体和目标，自然就写得大小不一。这样看来，光一个人加一个人地凑在一起能形成一个有机的集体吗？"

教室里一下子炸开了锅。

"不能！肯定不能！"

"那样就是乌合之众。"

"表面上是集体，关键时刻就会变成一盘散沙。"

"那么，公式怎样才能成立？"

"还应加上个人为集体。"金凤同学抢先发表意见。

"说得好！"蒋老师在黑板上挥笔疾书，耀眼的新公式出现了：个人＋个人为集体＋个人＋个人为集体……＝集体。

同学们只觉眼前一阵阵地发亮。

大家的耳边，又响起了蒋老师饶有兴味的解释："这儿的'个人为集体'指什么呢？我认为，它包括集体内须有目标、有组织、有规章、有个性。假如大家时常记着这'四有'，我们班一定会团结兴旺！"

没有居高临下的说教，没有生搬硬套的灌输。一道奇特的公式，顷刻间化作了情感的彩虹，飞架在同学与同学、同学与老师之间。

每当新学年开始，这道彩虹总是以新的面貌出现：那别具一格的"更上一层楼自由谈"、那引人入胜的记名字比赛、那妙趣横生的自我介绍……都给同学们留下了终生难忘的"第一印象"。

一位同学感慨地说："坐进蒋老师教室的第一天，我就享受到了人间的真情和做人的尊严。"

唱反调的价值

周末小结会上，蒋老师讲了一则见闻之后，深有感触地说："现在社会风气好多了……"

谁知，教室里马上出现一阵骚动，有人"嘘嘘"发笑、有人交头接耳。老师的尊严受到了无情的嘲弄。

蒋老师似乎习惯了学生的举动。他觉得："一个有多种声音的集体才能多彩多姿、生气勃勃。"

他扶了扶鼻梁上的眼镜架恳切地发问："哪位如有不同看法，欢迎大胆地说出来！"沉默，仅仅只有分把钟。

一个小伙子亮出了清脆的嗓音："老师，能讲真话吗？"

"怎么不能？我们都是唯物论者，就是要实事求是。"

"好！您说社会风气好，依我看，太成问题了！"这位叫吕瑶俊的同学激动地挥动着手臂。

蒋老师没有正面和他"交锋"，而是幽默地调转了"枪口"："同学们,我们语文课刚讲过论说文,瑶俊就马上活学活用。他提出了一个论点——社会风气太成问题了。那么,论据呢?"

没等老师话音落地,瑶俊抢过话头说:"我有事实做论据!"

他滔滔不绝地讲了一件事:一次踏青回家,他和同学拾到一个黄书包,立即交给了警察,警察打开书包,发现是三包葡萄干。这时,围观者中有人怪叫起来,"好傻呀,不晓得吃了它!"当警察接着翻出两个胶卷时,又有人赶忙插嘴,"照相机呢?莫不是他们藏起来了,只交不值钱的东西,现在的学生伢鬼得很!"

讲到这儿,瑶俊禁不住大声发问:"这是什么风气?人和人这样不相信,做了好事反而得不到好报。"

瑶俊的感慨又引起了一阵骚动。

此时,蒋老师因势利导,打开了丰富的话匣子,"吕瑶俊同学敢讲真话、敢同老师唱反调,这是自主意识增强的表现,也是创造能力的表现。他刚才讲了一件客观存在的事实。但事实中的人、话之间有没有什么内部联系?"

七嘴八舌的议论,引来了外班看热闹的同学。

"我们认为,从捡包之事中,既可以看到社会风气好的一面,也可以看到社会风气不好的一面,它们具有相互交叉的复杂性,不能简单地说非此即彼。"

蒋老师的近视眼眯成了一条缝:"今天,我们的班会特别成功!希望同学们勤于思考,敢于同我唱反调。我们的力量在于讲真话、实事求是!"

下课了,同学们还在三五成群地议论:"蒋老师的力量在哪里?"

"在于他敢于正视学生的挑战!"

"在于他善于鼓励学生唱反调!"

打这以后,蒋老师班上的学生"反调"唱得更准了——面对有的班不准看课外书和电视的规定，有学生马上发出了不同意见："不准看课外书和电视等于自绝于世界！"面对食堂的严重浪费现象，有同学上书进言，摆出了十多条改进措施，就是蒋老师在报刊上发表的某些论文，同学们也毫不含糊地寻疵挑刺。

取长补长效应

又一批新生哼着小调前来报到。留级生小勋却不声不响地递上了一张病情证明书："该生右脚曾骨折，虽愈但不宜参加劳动和体育锻炼。"

"能做课间操吗？"

"不能！"他对老师的提问很不耐烦。蒋老师心里直犯嘀咕："脚伤痊愈了，难道轻微的活动也不能？"但他没有急于刨根问底，更没有一开始就盯住该生的短处，而是注意发现、发扬和补充他的长处。

一次蒋老师要去广州开会，因急事不能亲自去取票。票在地处汉口的实验学校。一连问了几个学生，都说不知该校的具体位置。问到小勋时，他不在乎地点了点头。

"小勋见多识广，他去拿票，我放心！"老师有意当众宣布。

果然，仅一个中午的时间，他就把票取回了。

蒋老师利用班会大扬其长："同学们，人的能力是多方面的。小勋的社会交往能力就比一些同学强。有了一种能力，并且善于挖掘这种能力，就不愁第二种、第三种能力不来报到！"

第二天，小勋奇迹般地参加了课间操。

"你的脚全好了？"老师关切地问。

"我是怕人笑，又……"

"不说了，我理解你！但愿你能把自己的长处发扬光大。"

不久，学校举行了长跑比赛，小勋主动报名参加，竟然获得年级组冠军。有人开始向他伸出大拇指，他也从中看到了自身的能量。

不过，他上课时的老毛病仍然没改掉，时而抚弄手指头，时而用铅笔和橡皮做"机关枪"，进行无声的"射击"。

老师还是没有揭"疮疤"，而是力求利用他的另一种长处取代不用心听讲的短处。

一个偶然的机会，蒋老师发现小勋没有听讲，正在摹写他在黑板上一笔写成的"风"字，有的写得还真像回事。下课后，蒋老师走到他桌前笑着问："你的书法还不错，想学吗？"

"当然想学！"

"那我给你创造条件。"

小勋瞪大了眼睛："这是真的吗？"

这是真的！每当上语文课时，蒋老师就特地为他开"小灶"，破例让他练习书法。

一次、两次……练着练着，扳指头、暗射击的习惯渐渐没有了。两周过后，他喜不自胜地把练字本送到蒋老师面前。

"不错、不错！"蒋老师停了停说，"但是，单一的字可不能表达完整的意思，你如果把练书法和记笔记结合起来就妙了！"

"好！再上课我一定记笔记。"他说到做到，破天荒地记起了笔记。

从此，小勋对学习产生了兴趣。年底评选"三好学生"，同学们为他举起了森林一般的手……

小勋的成功，使蒋自立悟出了新的道理："老师一心盯住学生的短处，往往只会使学生自卑自弃，忽视补充、发掘自己的长处。久而久之，短将难长、长将变短、人将平平。只有扬长促长、取长补短，才能使学生的长处更长，短处也可能逐步被长处所取代。"

好一个"蒋氏长短论"！它无疑似一股清新的春风，带来了一曲曲激动人心的成才交响乐……

寻找"我"的座位

开学了,新同学习惯地等着班主任前来排座位。没想到,自信"没有自主意识便无创造能力"的蒋老师走进教室时,脸上露出了一丝"诡秘"的微笑:"今天,我想请大家自己找座位找同位人,好不好?"

谁不想找到称心如意的座位和同伴?

教室里立刻响起了一片叫好声。

从"第三世界"进入武汉中学的林华同学,听说还可以自己找同位,她惊愕了,"以往编排座位全是老师的事,有些老师还煞费苦心:太要好的不能坐在一起——上课爱讲话;脾气不好的得分开——免得拌嘴;男孩子和女孩子呢,更得离远些——不然就会早恋……可万万没有想到,蒋师居然如此放心。不仅放心,而且放手!"

首先,他让同学们议论出了三条原则:按照高矮顺序,照顾近视眼等有生理缺陷的同学,把方便让给别人,以集体为重。

寻找座位开始了,这也许是场特殊的考试!

面对一双双陌生却又友好的眼睛,大家在慎重地思忖:"我该找谁同座为好?"

勇敢者主动进攻了。

"我叫黄淳,你愿意跟我坐吗?"清脆淳美的女声打断了小林的思绪。她转过身去,只见一位身材修长、穿着洁白连衣裙的姑娘站在面前,微微发黑的脸上汪着一泓和悦的、动人的微笑。

"当然愿意!"小林愉快地和她一起寻找座位。

黄淳指着走廊边最后一排座位说:"就坐那儿,好吗?"那儿又偏、又远、又暗,几乎一丝风也吹不进。

"好,选得好!"小林抢先在靠墙的位子坐下。黄淳说:"不,还是我坐里面吧。""没事儿,我看得见。"看黄淳还不放心,小林又补充了一句:"别担心,我两只眼睛加起来三点零呢!"

两人都笑了。笑声中,纯真帅友谊在升华,自我实现的快感在涌流。

一对对,一双双,刚才还是陌生的同学,仿佛一下子成了分别多年的老朋友,无拘无束地谈笑自如。

蒋老师兴奋不已,当天就在日记中写道:"学生的主体性愈是高扬,其能力就愈是高强。教师的责任就是要善于促进学生'自我运动'。"

就是在这种思想支配下,蒋老师两年前就创造了"值周班长制"——全班所有同学轮流执政,一人当一周班长,自己组阁班委会。一向唱主角的老师,则成了敲边鼓的鼓手。

"值周班长制"的实行,使同学们发现了意想不到的新大陆——"我原来一直以为自己只是一块'老百姓'的料子。而在当了一次值周班长后,我完全改变了看法,感到自己不仅可以当'官',而且可以当一个很不错的'官'。"冷雪同学吃惊地发现了自己潜在的能量,"真可谓不当家不知当家难,不治者不知治者苦!由此我想到千把人的学校,想到十亿人口的中国,难处岂不更多更大吗?可我过去从未想到这一点呀!"孙褆同学的眼光由近变远,升华了"实现自我、完善自我"的强烈意识。

在蒋老师的精心引导下,同学们勇敢、准确地进入了主体意识的发射阵地……蒋老师目中有人,人们心目中更有他。辽宁、山东、河南、广西……一所又一所大学、中学争相请他去作报告,一个又一个教育行政、研究单位请他介绍经验。他播下的班主任工作等创新之种,已经扎根于全国 10 多个省、市、自治区,并且开放出了绚丽多姿的新花。

(作者时为《中国青年报》记者,原载《湖北青年》1990 年第 1 期)

思想三题：重复的、权力的、独有的
（后记）

法国哲学家帕斯卡说："人是一根能思想的苇草……人的全部尊严就在于思想。"回顾66年人生，发觉自己的思想居然是三部曲。

月光泻银，英俊的父亲兴致极高："聪明（我小名），快来。"从房间飞出的我，来到父亲身边，顺着父的手，遥望皎洁的月盘；接着，父子吟诵起来："床前明月光，疑是地上霜。举头望明月，低头思故乡。"一首复一首，我脑海便漾起中华文化的涟漪。发蒙读书，那一本本教科书，让我有了中华文化的底蕴。不知哪一天，我顿悟，人的一生，大部分都重复着先圣留下来的思想。当我们读书之时，是别人在代替我们思想，我们只不过重复他的思想活动过程而已。这大概传承之谓也。

"文革"十年，氛围和年龄都让我崇拜，真正做到"读毛主席的书，听毛主席的话，按照毛主席的指示办事"，为划清与"叛徒"父亲的界限，做一个"可以教育好的子女"，我可以不回家、不给一分钱家里，而且经常写思想汇报，反省父亲对我的影响，深挖灵魂深处。此时我的头脑实际上成为领袖思想的"运动场"了！即便如此，工宣队、军宣队进校后，还是以"莫须有"的罪名，被"五不准"200多天。

好在世界潮流冲开了封闭的神州之门。1985年，在教育体制改革的召唤下，我想，都40啦，要有点作为，便在班级管理中推行值周班长制。谁知非议蜂起，焦点是，你让学生自我教育，影响考大学，怎么办？为给自己实验找依据，我读中外教育史、中外思想史。读着，读着，我发觉，春秋战国时代，是中华民族文化史上最值得称道的时期，诸子百家，思想多么活跃，人类原精神是真、善、美。那时的孔子就原创了"仁爱精神"，即善的原精神。可由秦始皇、汉高祖等所开创的大一统的帝国，把百家变成一家，"独尊儒术"，便降下了中国中世纪的帷幕——从公元前1世纪到19世纪清王朝灭亡，长达2000年之久。春秋战国时期曾经很有原创性的儒家学派，在进入了中世纪之后的中国，完全变成了只知一味复古述古、一味维护极权统治的保皇的思想工具。在兴起了科举制度的隋唐之后，儒家经典更是成了历代读书人攀附权力、挤进官僚阶层的敲门砖。孔夫子的仁爱言词成了吊在士大夫文人们口头上的面子话。中国文人自幼学习儒家经典，熟读死章句，个个鹦鹉学舌。在圣人、大人面前除了俯首低眉，还是俯首低眉。之所以丧失自己的思想，一是极权专制者对思想的高度的垄断，对异端思想者的无情打击、迫害；二是一代代读书人把科举入仕视为唯一出路，从而心甘情愿捐弃自己独立思想的权利，做别人思想的奴隶，求得苟延残喘。读史使人明智。对中国的落伍，我似乎明白了什么。虽则大学要考要读，但不能沿着老路走下去！我不能让我的学生放弃独立思想的权利！我要教学生有希腊人那种求知的精神，有古希伯来人那种信仰的精神，再加上孔子的仁爱精神，即做到信仰"真"、追求"善"、热爱"美"的人。构成一个人的特殊性，不在于他如何媚众，而在于他如何独立。人是一种使思想开花结果的植物，犹如玫瑰树上绽放玫瑰、苹果树上结满硕果，为此我努力耕耘。

有言道，你要学生成为什么样的人，你自己就必须成为什么样的人。

为追求真善美，是书的楔子，以求知的精神，践行的态度，认知教育的内涵，融汇为人文关键词是：尊重，人性和质疑。第一辑是拙书的重点，记录作者在教育实践中的发现：2300多年来所称的教育实际上是他我教育，因而提出他我教育概念：中国教育理论是以他我教育为中心构建的，因而提出真正的教育是他我教育与自我教育和谐统一的命题，从而一改自我教育是他我教育附庸的命运，跳出自我教育囿于道德范畴的历史偏见；人的成长是人的自我教育史，因而人的主要课程是《认识自我，自我实现》。怎样教会学生实行自我教育呢？第二辑从班级、学校、家庭、家长教育、后进生、语文教学等方面进行了具体的介绍。有人感叹自我教育难，难在哪儿呢？难在教育者能否真正做到以身立教，首先做到自我教育；所以第三辑则是作者破解难题的回答。为铭记几十年来各方的支持，特把溢美之词收录在第四辑里。

　　我和李镇西是读着苏霍姆林斯基的著作长大的，因而在文字上也是"苏体"，在教育叙事中现观点，意在可读性强些，不知是否，因而期待各位读者的彩铃声。

蒋自立
2011年4月1日于狮城名居

参考文献

[1] 陈渔. 老子. 长春：吉林人民出版社，2007.

[2] 罗尔斯著. 现代思想源流. 北京：商务印书馆，2006.

[3] 徐飞主编. 巴甫洛夫. 上海：上海交通大学出版社，2007.

[4] 乔纳森·布朗著. 自我. 北京：人民邮电出版社，2004.

[5] 中国大百科全书：教育. 北京：中国大百科全书出版社，1997.

[6] 蒋自立主编. 班主任工作指导. 武汉：湖北少儿出版社，1994.

[7] 叶澜著. 教育概论. 北京：人民教育出版社，1991.

[8] 昆体良著，任钟印选译. 昆体良教育论著选. 北京：人民教育出版社，1989.

[9] 胡森，波斯特尔斯威特主编，中央教育科学研究所比较教育研究室编译. 简明国际教育百科全书·人的发展. 北京：教育科学出版社，1989.

[10] 高清海著. 哲学与主体自我意识. 长春：吉林大学出版社，1988.

[11] 许瑞祥著. 世界与自我. 石家庄：河北人民出版社，1988.

[12] 孙邦正著. 教育概论（增订本）. 北京：商务印书馆，1988.

[13] 马斯洛等著. 人的潜能和价值. 北京：华夏出版社，1987.

[14] 卡西尔著. 人论. 上海：上海人民出版社，1987.

[15] 科恩著. 自我论. 北京：生活·读书·新知三联书店，1986.

[16] 李泽厚著. 中国古代思想史论. 北京：人民出版社，1986.

[17] 约翰·洛克著，杨汉麟译. 教育漫话. 北京：人民教育出版社，1985.

[18] 王道俊，王汉澜主编. 教育学（新编本）. 北京：人民教育出版社，1984.

[19] 王文俊著. 人文主义与教育. 台北：五南图书公司，1983.

[20] 苏霍姆林斯著，赵玮等译. 帕夫雷什中学. 北京：教育科学出版社，1983.

[21] 约翰S·布鲁析克著，吴元训译. 教育问题史. 合肥：安徽教育出版社，1981.

[22] 杨伯峻著. 论语译注. 北京：中华书局，1980.

[23] 上海师范大学编. 马克思恩格斯论教育. 北京：人民出版社，1979.

[24] 杨伯峻著. 孟子译注. 北京：中华书局，1960.

[25] 张晓静著. 自我教育论. 黑龙江教育出版社，2004.

[26] 摩罗著. 自由的歌谣. 文化艺术出版社，1999.

[27] 李镇西著. 李镇西与语文民主教育. 北京师范大学出版社，2006.

[28] 孙孔懿著. 教育失误论. 江苏教育出版社，2003.

[29] 何博傅著. 山坳上的中国. 贵州人民出版社，1989.

[30] 朱永新主编. 中国著名班主任德育思想录. 江苏教育出版社，2000.

图书在版编目（CIP）数据

蒋自立与自我教育/蒋自立著.—济南:山东文艺出版社,2011.10
ISBN 978-7-5329-3543-7

Ⅰ.①蒋… Ⅱ.①蒋… Ⅲ.①中小学生—自我教育—研究 Ⅳ.①G63

中国版本图书馆 CIP 数据核字(2011)第 094580 号

蒋自立与自我教育

蒋自立　著

主管部门	山东出版集团
集团网址	www.sdpress.com.cn
出版发行	山东文艺出版社
社　　址	山东省济南市英雄山路189号
邮　　编	250002
网　　址	www.sdwypress.com
读者服务	0531-82098776(总编室)
	0531-82098775(发行部)
电子邮箱	sdwy@sdpress.com.cn
印　　刷	山东新华印务有限责任公司
开　　本	710×1000 毫米　1/16
印　　张	18.75　插页/2
字　　数	235 千字
版　　次	2011 年 10 月第 1 版
印　　次	2012 年 6 月第 2 次印刷
书　　号	978-7-5329-3543-7
定　　价	32.00 元

版权专有,侵权必究。如有图书质量问题,请与出版社联系调换。

教育发现书系隆重推出

类　别	书　名	作　者
高效课堂篇	善待杜郎口——李镇西教学随笔	李镇西 著
	教育即道德	田保华 著
	杜郎口"旋风"（修订版）	李炳亭 著
	高效课堂22条	李炳亭 著
	高效课堂九大"教学范式"	李炳亭 著
	我给传统课堂打0分	李炳亭 著
	课改立场：一个区域教育的实践样本	李炳亭 褚清源 张志博 著
	高效课堂导学案设计	张海晨 李炳亭 著
	问道课堂：高效课堂理念与方法的26个追问	李炳亭 褚清源 著
	发现高效课堂密码	于春祥 著
	中国当代课改档案	李炳亭 洪湖 著
学校管理篇	发现班主任智慧：追求充满人性的教育	郭文红 著
	班级问题诊断	高影 编
	治班有招	高影 编
	治班有道	高影 编
	问题学生诊断	高影 编
	学校管理智慧：教师成长	吴盈盈 编
	学校管理智慧：管的艺术	吴盈盈 编
	学校管理智慧：找到学校的魂	吴盈盈 编
	学校管理智慧：校长成长	吴盈盈 编
	学校智道	褚清源 著
	校长之道	姚文俊 著
教师成长篇	蒋自立与自我教育	蒋自立 著
	李平老师讲语文	李平 著
	做幸福的老师	翟幸福 主编
	使人成为人	司家栋等 著
	课堂问题与争鸣	叶飞 编
	教师成长密码	叶飞 编
	问道中国教育：仰望教育的天空	雷振海 李炳亭 编
	问道中国教育：撬动教育的支点	雷振海 李炳亭 编
	问道中国教育：追寻教育的幸福	雷振海 李炳亭 编
	问道中国教育：改变教育的思维	雷振海 李炳亭 编
	问道中国教育：追溯教育的原点	雷振海 李炳亭 编
区域课改之殷都样板	殷都样板：小学低年级导学案点评	姚文俊 金耀林 主编
	殷都样板：小学英语导学案点评（3—6年级）	姚文俊 金耀林 主编
	殷都样板：小学数学导学案点评（3—6年级）	姚文俊 金耀林 主编
	殷都样板：小学语文导学案点评（3—6年级）	姚文俊 金耀林 主编
	殷都样板：中学导学案点评	姚文俊 金耀林 主编
	为了学生的学	姚文俊 金耀林 主编
	分数大变脸	姚文俊 金耀林 主编
	做智慧教师	姚文俊 金耀林 主编
	模式就是生产力	姚文俊 金耀林 主编
	"主体多元"在殷都	姚文俊 金耀林 主编

地　址：山东省济南市英雄山路189号山东文艺出版社　　邮　编：250002
购书热线：0531—82098775　　投稿信箱：jiaoyufaxian@126.com
投稿热线：0531—82098789　　读者交流QQ群：69362448